戦略採用

山﨑俊明
Yamasaki Toshiaki

東京堂出版

はじめに――グローバル時代の「戦略採用」

「企業は人なり」という言葉通り、企業を支えているのはそこで働く多くの社員です。そのため、企業の発展に貢献してくれる優秀な人材の獲得は、その企業にとっての死活問題といっても過言ではないでしょう。

ところが、

「優秀な人材を採用したいが、外資系や有名企業に採られてしまう」

「採用にかなりの費用をかけているが、なかなか思うような人が採れない」

採用担当の方にお目にかかるたびに、このような声を耳にします。

そんな時、私はいつもこんな質問をしています。

「もし、ロシアで生まれてフランスで育ち、イギリスのオックスフォード大学を卒業した優秀な人材がエントリーしてきたら、あなたはその人を面接することができますか？」と。

たいていの方は「えっ？」という困ったような顔をされます。

「その人は日本語が話せるのですか？」
「英語で面接すればいいの？」というような言葉の心配をする方もいれば、
「今まで外国人の面接をした経験がないので……」とおっしゃる方も。

この段階で躊躇《ちゅうちょ》するようでは、その企業の採用は海外に遅れを取っていると思います。同じ質問をアメリカやイギリスをはじめ、海外のグローバル企業の採用担当者に投げかけたとしたら、即座に「Ｙｅｓ」という答えが返ってくるからです。彼らは国籍や生活習慣、話す言語が違う人であっても、自社にとって必要な人材を確保するためなら、ためらうことなく面接を行うからです。

日本人の多くは日本で生まれ、日本で育ち、日本の大学を卒業して日本企業に就職します。そのため、採用される側も日本人なら、採用する側も日本人。日本人同士というガラパゴス化した中で、採用活動をくり返しています。

「日本語が話せる」という言語の絶対的な壁に囲まれて、そうならざるを得なかったわけですが、グローバル化が一段と進むビジネスの世界で、これから先もこの採用方法が通用するのでしょうか？

日本人同士であれば、面接時の印象や会話のやりとりの中で、その人のバックグラウンドや性格がおぼろげながらも見えてくるように思います（実はこれがくせ者なのですが）。ただ、それは同じ国の中で、同じような生活習慣の中で育った日本人同士だから成立する話です。外国人となるとそうはいきません。それがうすうすわかっているからこそ、私の「ロシア生まれでフランス育ちの……」という質問に、多くの採用担当者は「Ｙｅｓ」と答えられないのだと思うのです。

今後、国内の人口減による労働力の確保や、日本のマーケット縮小によって、人材の面でも、マーケットの面でもグローバル化は進みます。従来の日本人同士の「以心伝心」に頼るような採用方法では、海外企業に勝てないのは目に見えています。

これはなにも外国人の採用に限った話ではありません。

就職活動の入口が就活サイトに移って以来、人気企業には多くの応募が殺到し、企業側はその中からいかにして優秀な人材を選び抜けばよいのかに頭を悩ませています。

２０１４年には、このような日本の就活状況の問題を象徴するような出来事が起こりました。

インターネットにおける総合エンターテインメント企業の株式会社ドワンゴが、殺到するエントリー数を減らして「本当に入社したい」という学生だけを集めるために、首都圏在住の学生から受験料を徴収したのです。

その一方で、中小企業やＢtoＢ（企業間取引を行う）企業は、どのようにしてエントリーしてくれる人を増やすかに腐心しています。

いずれにしても、多くの人の中から、自社の未来を切り拓いてくれる優秀な人材を選び抜くこと、それが新卒であれば、まだ輝きを放つ前のダイヤモンドの原石を探すこと。これが採用の命題でありましょう。

そのために必要なのは**「自社にはどんな資質を持った人材が必要か」**という**「採用基準」**であり、その**採用基準をクリアした人を見抜く戦略的な「面接メソッド」**なのです。

残念ながら、現在の日本企業の採用は、学歴と採用担当者の印象や直感によるところが大きいと思います。その結果「3年3割」といわれる新卒社員の離職率、つまり人と企業のミスマッチが起こっているのです。

中途採用においても、状況は似たり寄ったりです。どのような資質を持った人材が必要かという「採用基準」よりも、年齢や資格、前職での経験年数といった「採用条件」が重視され、合否を判断されることが多いのですが、これにも問題があります。

実は私は、地方銀行から世界最大の保険・資産運用グループであるＡＸＡグループの日本法人、アクサ生命保険株式会社（以下、アクサ生命）にスカウトされました。

アクサ生命は当時、中途採用しか行っておらず、年齢も28歳以上という採用条件を設けていました。一方で外資系企業として、「どんな人物を採用するのか」という確固たる「採用基準」を決めており、あとで入社してからわかったことですが、まだ25歳だった私は、採用条件は満たしていなかったものの、「採用基準」をクリアしていたために、採用されたとのことでした。

結果はすぐに数字としてあらわれました。入社したその一月目に売上高全国1位の成績を残し、２００2年には、世界中の生命保険・金融サービス専門職の毎年トップクラスのメンバーで構成されるＭＤＲＴ（世界１００万ドル円卓会議）会員資格を同社の最年少で取得するという名誉にも輝きました。こうして入社以来、アクサ生命における数々の最年少記録を塗り替えてきました。

私がこのような実績を残せたのは、「採用基準」を持っていた企業が、私の資質を見抜いてくれたからです。この時もし「まだ25歳で採用条件を満たしていないから」という理由で私を採用してくれなかったとしたら……。現在の私はいなかったかもしれません。このように私自身、「採用基準」がいかに大切であるかということを身をもって体験してきたのです！

「ロシア生まれでフランス育ち、イギリスのオックスフォード大学卒の人材」を面接する自信がないという採用担当の方、また「そのような面接を任せられるような社員がいない」と感じている経営者は、従来の採用活動を見直すべきでしょう。

そして、今すぐ採用担当者の印象に頼る面接をやめて、**欲しい人材の基準を決め、その基準に合った人を選び抜く戦略的な面接方法に切り換えてください。**


折しも、２０１６年に卒業する学生の就職活動について、経団連の「採用選考に関する企業の倫理憲章」の見直しによって、スケジュールが変更になります（図１）。

通常、大学３年（修士１年次）の12月１日に解禁されていた会社説明会などの広報活動は、翌年の３月１日以降に繰り下がります。面接・試験などの選考活動の開始は、従来の大学４年（修士２年次）の４月１日以降から８月１日以降に。にもかかわらず、内定は例年通り10月１日以降です。これは４ヶ月間も選考期間が短縮されることになり、選考開始から内定まではわずかに２ヶ月しかありません。

限られた時間の中で、欲しい人材をいかに効率よく見極めるか。

今こそ、これまでの採用方法を見直すべき時に来ているのではないでしょうか。

本書がそのために必ず役に立つと信じて。

２０１４年11月

株式会社タレントアンドアセスメント代表取締役　山﨑　俊明

（図１）採用選考活動のスケジュール比較

		従来	2016年卒
学部3年／修士1年次	12月	12／1以降 広報活動開始	
	1月		
	2月		
	3月		3／1以降 広報活動開始
学部4年／修士2年次	4月	4／1以降 選考活動開始	
	5月		
	6月		
	7月		
	8月		8／1以降 選考活動開始
	9月		
	10月	10/1以降内定	
	11月		

※広報活動とは、会社説明会など。選考活動とは、面接・試験など。

（『週刊経団連タイムス』2013年７月18日号を参照し作成）

『戦略採用』——目次

第3章　「採用基準」を作る　57

第4章 採用面接の落とし穴——こんな面接をやってはいけない！　89

第5章 人材を見抜く採用面接メソッド　105

第6章

採用のプロが明かす本音――スペシャル座談会

東海友和〈組織・人事コンサルタント。元ジャスコ〈現イオン〉本社人事課長〉
小畑重和〈元リクルート人事採用担当・責任者。「採用の神さま」〉
山﨑俊明〈本書筆者。聞き手〉

第1章

なぜ「採用活動」が企業の命運を握るのか？

☑日本企業が外資系企業に遅れを取る理由

1980年代からバブルの崩壊まで、日本は確かに世界を牽引する経済大国でした。ところが、当時、世界でもてはやされた日本企業の現状は、決して明るいものではありません。それでも、日本には日本語という「鉄壁の壁」があり、日本国内で日本人向けのビジネスを展開している分には、なんとか持ちこたえています。

しかし、楽観はできません。急成長するアジア企業との競争、TPP参加、人口減によるマーケットの縮小など、もはや国内のビジネスだけでは立ち行かない時代が来ています。

日本人はとても勤勉で頭のいい国民です。アメリカやイギリスといった諸外国のビジネスパーソンと比べても、優ることはあっても決して劣ることはありません。

にもかかわらず、現在の世界経済をリードし、存在感を増しているのはアメリカのシリコンバレーのトップ企業です。

彼らと日本企業の違いは何なのでしょうか?

それは**人材に対する考え方、採用への取り組み方**にあると私は考えています。

日本の企業では、通常、自社の社員採用の面接は自分たちで行います。それは海外の企業でも同じですが、ひとつ大きな違いがあります。

それは、アメリカをはじめ、多彩な人種が同じ職場でデスクを並べる外国企業は、ごく一部の突出したエリートをのぞいて、自分たちの「直感」をあまり信用していません。そのため、採用に関する仕組みを整え、メソッドを導入する必要があり、それゆえ**「採用学」**が研究されてきました。

彼らはそうした採用メソッドを用いて、トップエリートをどんどん採用していきます。また、そういったトップエリートたちには大きな権限が与えられ、他の社員たちをリードし、企業をどんどん発展させていくのです。

かたや日本企業はといえば、どんなに実力主義をうたったところで、年功序列のタテ社会はそう簡単には変わりません。みな頭はいいのですが、相対的に器用貧乏。出る杭は打たれ、突出した人材は企業の中では生きづらいのが実情です。

日本人応募者を日本人の採用担当者が選んできた日本型の採用は、担当者の経験とカンに頼るところが大きく、そこに客観的な基準や方法は構築されてきませんでした。そのため欧米流の「採用学」が存在せず、その研究も、最近になってやっと始まったばかりです。

何でも欧米の真似がいいとは思いません。しかし、最近の「3年3割」と言われる新卒社員の離職率の高さをみても、従来の日本型の採用方法に問題があるのは明らかです。

この状況を打破するためには、日本企業は採用を根本から見直す必要があるのです。

グローバル化にとって最も大切なこと

本書を手に取ってくださったみなさんの中には、「山﨑俊明って、何者？」と思われた方もいらっしゃるでしょう。「はじめに」でも少しふれましたが、改めて、私の経歴をお伝えしようと思います。

私は大学卒業後、地方銀行に入行し、そこでの成績を認められ、アクサ生命にスカウトされました。アクサ生命は、もとはフランスの保険会社で、ＡＸＡグループの日本法人として設立された、日本国内では歴史の浅い保険会社です。日本団体生命保険と統合し、現在のかたちになって、最近はテレビＣＭもどんどん流しているので、ご存じの方も多いでしょう。ＡＸＡグループ全体では、世界56カ国、約1億２００万人の顧客を持つ世界最大級の保険・資産運用グループです（２０１4年9月現在）。

私はこのアクサ生命で、ライフプランアドバイザーとして顧客へのファイナンシャルプランニングを行い、営業成績を残した後、マネージャーに職種変更し、人材のスカウト業務、マネジメント業務、トレーニング業務に携わってきました。

保険会社は個々の営業社員の成績が会社の売上に直結します。そのため、日夜、採用やマネジメント、トレーニングに頭を悩ませ、メソッドの確立と実行に腐心してきました。

ただ、私も最初から自分自身だけでそのようなことを考えていたわけではありません。アクサ生命は外資系らしく、確固たる採用条件や基準を持っていました。

たとえば、保険会社の営業経験者は一切採用しないという条件です。

一般的に、同業他社での経験や実績は評価されることがある一方、そのやり方に執着しすぎると、再就職先の社風になじめなかったり、その企業独自のノウハウ吸収の妨げになる場合があります。過去の成功体験に縛られ、それ以上成長することができない人も大勢います。ですから、１００％、経験者がいいとも言い切れません。

また、外資系企業が保険のような参入障壁の高い分野に進出する場合、現地での採用をどう進めるかということが大きな問題になります。

日本企業が海外に進出する際、ほとんどの場合、考え方が日本式で、現地のトップも日本人です。

ただ、実際にそこで仕事をするのは現地の人なので、とりあえず人を集めてスタートはするものの、後から問題が起きることも少なくありません。何度もお伝えしているように、日本人は外国人を採用することに慣れていないうえに、現地のトップや採用担当者が必ずしも採用経験が豊富であるとは限らないからです。

さらに、企業としての採用基準が決められていなければ、現地でどんな人を採用するのかは現場任せになり、後になって、どういう基準にのっとって採用しているかが本社でも把握できず、地域ごとに採用基準が異なってしまい、簡単に人事異動ができなくなります。

ＡＸＡグループが日本に進出してきた際は、組織の作りかたと人の採用のしかたを最初に作りました。企業としての考え方はフランス式ですが、現地法人は、現地法人の社長に任せます。もちろん、現地で採用する仕組みが全社的に確立されているから可能なのです。これができていたからこそ、日本でも成功できたのです。

つまり、**現地での採用活動がスムーズにいかないと、どんなに優れた企業でも、現**

地での成功はあり得ないということです。

日本での常識が通じない海外において、日本以上に厳しいのが採用活動です。**グローバル化において最も大切なことは、企業として、その地でどんな採用活動を行い、どんな人材を集めるかに他ならない**のです。

☑「ダイバーシティ」の勘違い

昨今、日本でもよく言われるようになった「ダイバーシティ（多様性）」。

本来は、人種や性別、国籍、宗教といったさまざまな違いを尊重して受け入れ、その「違い」を積極的に生かすことによって、変化するビジネス環境や多様化する顧客ニーズに対応し、企業の優位性を創り上げることをさしています。

ところが、日本の場合、このダイバーシティが違った意味で捉えられているようです。女性やハンディキャップを持つ人たち、東南アジアの人々など、これまで活躍の場が比較的少なかった人たちを受け入れることがダイバーシティである、と考えて、「女性管理職の比率を○%にしよう」とか、先に数値目標を掲げているような企業も少なくない気がします。

多様性は重要です。女性もハンディキャップを持つ人も、外国人も大いに歓迎です。しかし、そこには組織としての「基準」が必要です。基準がなければ、ただの寄せ集め集団になってしまうからです。女性の管理職、大いに結構です。ただし、管理職の能力があるという絶対条件が必要です。管理職の能力を持っていないにもかかわらず、女性だからという理由だけで抜擢されたとしたら、本人も苦労するでしょうし、周囲にとってもよいことではないでしょう。

企業が一枚の絵を描くという目的を持った集団だとすれば、いろいろな「カラー(色)」の「画材(人材)」が必要です。しかし、単にさまざまな色を集めるだけでは組織は成り立ちません。

組織として素晴らしい絵を描くためには、まずはそのための道具として何を選ぶか、色鉛筆を集めるのか、絵の具を集めるのか、はたまたクレヨンを集めるのか、その種類を決めておく必要があります。

これが**「能力要件」**、つまり、**「どんな人材を集めるか」という採用基準**です。

海外の有力企業は、まず、この能力要件を決めてから多様な色を集めます。その色は実にさまざまで、人種に国籍、性別や宗教が違ってもかまわないのです。

それに比べて日本企業は、色を集めることには注力しようとしていますが、それが色鉛筆なのか絵の具なのかクレヨンなのかがはっきりしていません。ただ、いろいろな色だけを闇雲に集めようとしています。それが赤鉛筆だったり、黄色い絵の具だったり、青いクレヨンだったり……。それらで絵を描こうとしても、たとえばクレヨンの上では絵の具がはじかれるように、それぞれ種類が違うのですから、カンバスに美しい絵は描けません。

このお話をした時、ある企業の方に「それでは人材は、どこを切っても同じ金太郎飴になってしまうのでは？」と聞かれたのですが、組織は金太郎飴でないと困るのではないでしょうか？

いろいろな色の飴が一つにまとめられて、結果、どこを切っても金太郎の顔になる美味しい飴ができる――。それが企業という組織だと思います。

世界一熾烈なシリコンバレーの採用方法は？

シリコンバレーとは、アメリカ合衆国カリフォルニア州サンフランシスコの南部にあるIT企業の一大拠点の通称です。ここにはアップルをはじめ、時価総額ランキングの上位に入る企業の本社がズラリと並んでいます。

その中の一つ、Google（以下、グーグル）の採用についてお話しします。

グーグルの採用試験で有名になったのがブレインティーザー。採用試験で出題されるクイズのことです。過去には

「飛行機の中にゴルフボールを何個詰められるか？」

「マンハッタンにガソリンスタンドは何軒ある？」

といった奇問が出題されていました。しかし、ある時期からこのクイズはまったく出題されなくなりました。

『ニューヨーク・タイムズ』などの記事によると、グーグルの採用責任者は「私たちは膨大な面接結果と採用のパフォーマンスを分析した結果、そのような難問は候補者の能力を何も予測せず、完全に時間の無駄であることがわかりました。それらは単に面接者を賢い気分にさせていただけなのです」とコメントしています。

グーグルはすべての面接担当者や彼らが作成した候補者の評価、そして採用された人がその職務で最終的にどのような実績をあげたかを徹底的に調査しました。その結果、彼らが導き出したのは、

「大学の成績評価や試験結果は価値がない。もちろん、成績はいいほうがいい。けれど、職務に応用できるような能力が学業に反映されているならの話だ。当社では、大卒でない社員の比率が次第に高くなってきており、部門によっては14％に達している」という結論でした。

さらに、学力よりも注目すべき採用基準として、「すべての職務について第一に重視するのは一般的な認識能力である。これは知能指数とは違う。いわば『学ぶ力』だ。臨機応変に処理する能力や、バラバラの異質な情報をひとまとめにする能力だ。この認識能力を判定するためには『行動面接手法』を用いる」と言っています（『ニューヨーク・タイムズ』２０１４年3月6日付）。

この「行動面接手法」についてはあとで詳しくご紹介しますが、グーグルでは面接担当者に勝手に面接をさせるのではなく、どのように人を評価するのかということについて、一定の枠を設けています。

そして、質問の内容は仮定の質問ではなく「あなたが困難な問題を解決した時のことを教えてください」というように、具体的な過去の行動について詳しく質問するのです。候補者の過去の行動を聞き出すことで、その資質を見抜くという手法が用いられています（前掲の同記事より）。

このように、入社後の実績まで追跡調査し、採用手法の見直しを行ったり、面接手法を決めたりする企業は日本ではまだ多くありません。

ただ、このグーグルの例をみても、世界をリードする企業が、優秀な人材の採用活動にどれほど重点を置き、客観的な採用に注力しているかがわかります。

残念なことに、その採用手法はトップシークレットで、なかなか公開はされません。もし、採用手法をすべて公開してしまったら、同業他社が真似したり、同じ手法で先に優秀な人材を採用される可能性があるからです。

ＩＴ企業は発想が勝負の世界なので、優秀な人材を常に探していますし、だからこそ、採用メソッドを必要としています。

そして、人材の流動化が激しいアメリカでは、採用担当がAさんでもBさんでもCさんでも、会社にとって必要な人材がいつでも採れるようにするために、合理的な方法を構築しなければならないのです。

☑ 大阪市・公募校長が失敗した理由

これはマスコミでも大々的に報道されていますので、ご存じの読者も多いでしょう。大阪市の橋下徹市長が導入した公募制度によるトラブルの数々です。

大阪市では、橋下市長の目玉事業の一つとして、行政に新しい血を投入しようと、外部（民間）の人材を区長や学校長などに採用する公募制度を実施しました。ところが、実施直後からパワハラやセクハラなどが多発し、問題が表面化しました。

特に「公募校長」においては、２０１３年４月に民間出身者11人が着任し、そのうち半数にあたる６人が不祥事やトラブルを起こして、市議会の反発を招いてしまったのです。

橋下市長が、時代の変化に対応し、市民の期待に応える行政に立て直すために、外部の人材を活用しようとしたこと自体は間違っていないと思います。

しかし、このように問題が頻発した理由は、**人材を「選び抜く力」がなかったからです**。報道を見る限り、１０００人近い応募者の中から、書類審査と数回の面接で決まったそうです。

問題は、この面接です。いったい誰が担当したのでしょうか？

聞くところによると、教育委員会の幹部の方々が中心だったそうです。これは一般企業にもありがちな話です。組織の上位者が面接の場に引っ張り出されることが多々ありますが、彼らは採用のプロフェッショナルではありませんし、人を見抜くための面接スキルも身につけていません。つまり、採用担当者として適任ではないのです。**どんなに素晴らしい目的や採用基準を掲げていても、その基準をクリアしている人物かどうかを選び抜く力がなければ、今回のような失敗が起こります。**民間の人材を採用するのなら、むしろ外部の採用のプロの力を借りて、面接のメソッドの導入が必要だったはずです。もちろん、大阪市も外部の力を借りるには借りたのですが、それは、大学教授といった人たちで、採用の現場で豊富な経験がある人たちではなかったようです。

採用活動でつまずいたためにトラブルが続発し、公募制度そのものが後退するとしたら、それは残念な話です。

これは大阪市だけの話ではありません。多くの企業の採用担当者が、**面接での経験則はあっても、候補者の能力要件を見抜く面接のスキルを持っていない。**これは事実です。その事実を真摯に受け止めていただく必要があります。そして、採用活動の失敗によって、組織は大きな痛手を負ってしまうのです。

大阪市のような例は、これが一般企業なら、会社存続の危機を招いていたかもしれないのです。

☑企業の価値は「３つのＲ」で上がる

ここで改めて、企業の価値について考えてみましょう。

私は、企業には「**３つのＲ**」が不可欠だと考えています。

その３つとは、次のものです。

①ＩＲ（インベスター・リレーションズ／Investor Relations　投資家向け広報）

②ＰＲ（パブリック・リレーションズ／Public Relations　広報）

③ＨＲ（ヒューマン・リソース／Human Resources　人的資源）

最初の**ＩＲ（投資家向け広報）**は、投資家（株主）に向けて、財務状況やコンプライアンスなどを広く戦略的に伝えるための手段として、上場企業はもちろん、ほとんどのベンチャー企業でも非常に重視されています。これは会社の心臓部にあたる部分を公表するものです。

２つ目のＰＲ（広報）は、広告媒体を活用したり、販売促進を行って、一般消費者などに自社の商品やサービスを正しく伝える活動です。ＰＲによって、自社に対する信頼や理解、共感を得ることができます。これは企業の体ともいうべきところです。

そして、３つめのＨＲ（人的資源）は、そこで働く人材です。社員を単なる労働力としてみるのではなく、企業が持つ資源であるという考え方のもとに、優秀な人材を獲得・育成することです。社員は企業の中で循環していますから、組織の中の血液といってもいいでしょう（図２）。

投資家は企業の情報開示を求めますし、商品やサービスのＰＲは、企業の売上に直結します。そのため、ＩＲとＰＲに関しては、どの企業も非常に戦略的に取り組んでいます。その証拠に、コーポレート・ブランディングやプロダクト・ブランディングは盛んに行われています。

ところが、最後のヒューマン・ブランディングとしてのＨＲに関しては、それを前面に押し出している企業はほとんどみられません。ＩＲとＰＲは客観的にその優劣が判断でき、費用対効果も測定しやすい活動です。しかし、ＨＲ、つまり「その企業にどんな血液が流れているのか」は企業自体が診断していませんし、（企業側の）主観的な情報発信にとどまっています。

（図２）３つのＲ

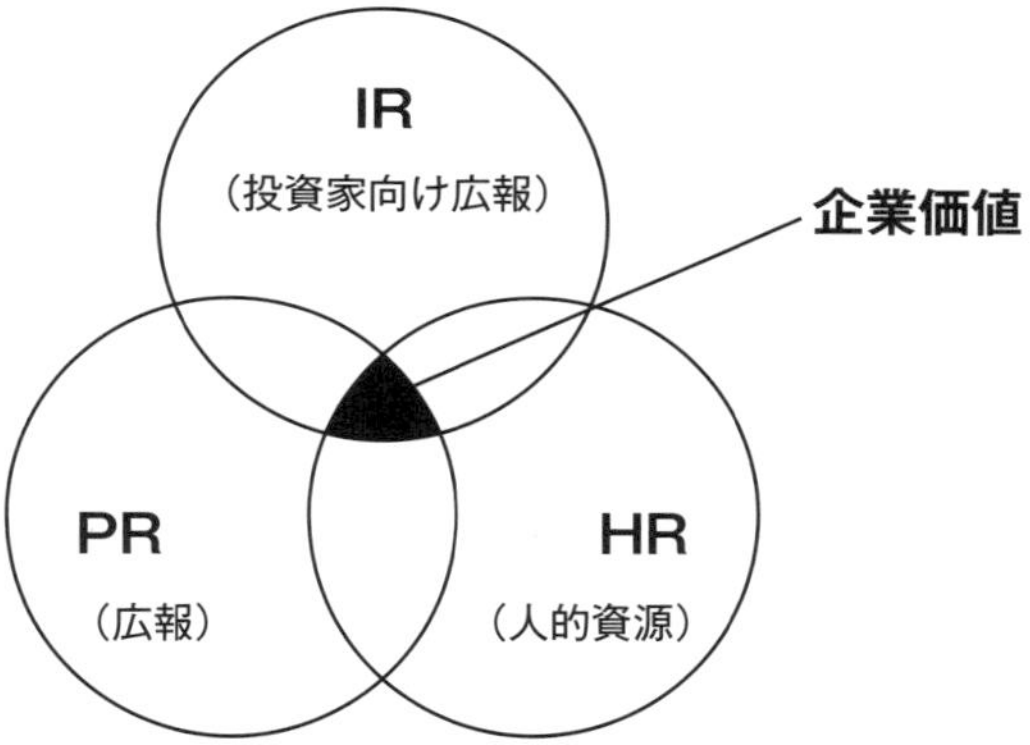

（図３）ブランディング

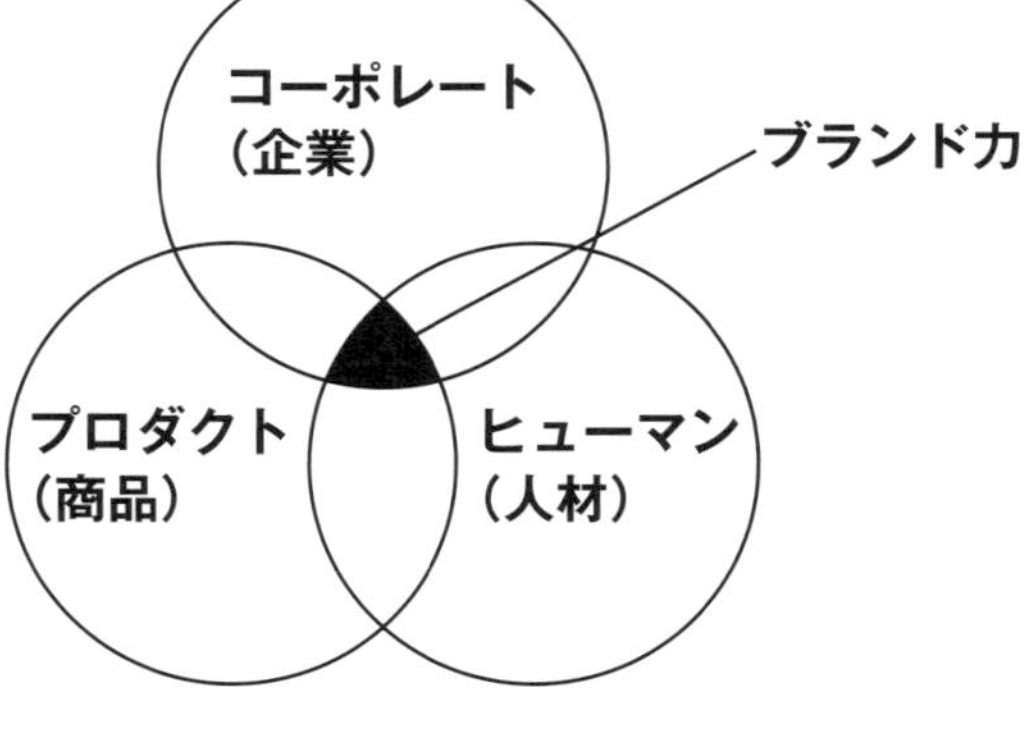

しかし、この「どんな血液が流れているか」というのはとても重要で、企業価値を高める一番の秘訣です（図3）。

これまでのHRといえば、それはリーダー（経営者）でした。トップが誰かということが、HRの指標のひとつになっていたのです。しかし、トップは組織というピラミッドの頂点だけの話であって、企業としてはピラミッド全体が大切です。それがHRなのです。

「いい人を採用したい」

では、どういう価値基準で「いい人」なのか。企業価値を決めるステークホルダーに見せるためにも、客観性に基づいたHRをしなければなりません。今、それを積極的に行っているのが先にご紹介したグーグルです。

企業が提供する商品やサービスは、時代のニーズによって常に新しい付加価値や変化が求められます。けれども、それに応え続けるためには、その商品やサービスを創り出す人材が不可欠であり、それこそが企業の成長のエンジンであるはずです。にもかかわらず、日本企業ではIRやPRに比べ、HRが後まわしになっています。

多くの投資家は「その企業が何をしているか、どんなものを扱っているかで投資をするのではなく、どんな人がいるかで投資を決める」と語っています。有名な商品があって、高いブランド力があったとしても、それだけで企業が存続できるわけではないのです。

「3つのR」が同時に成長してこそ、正三角形の柱が伸びるように、企業の価値も上がっていきます。ＩＲとＰＲだけが伸びたとしても、ＨＲが置いてけぼりでは、正三角形の柱にはなりません。これでは企業として、とても不安定でいびつなカタチになってしまい、バランスが崩れやすいのです。

「日本一採用に注力している」のはあの人気企業

ところで、日本で一番このＨＲに力を入れている企業はどこだと思いますか？

私が調べたところによると、それは「人気企業ランキング」トップ10の常連、東京海上日動火災保険株式会社（以下、東京海上）です。

本書の執筆にあたり、改めて人気企業ランキングを調べてみたのですが、どの情報サイトでも、文系の人気企業トップ10に東京海上はランクインしています。

特に『日経就職Ｎａｖｉ』では２０１４年総合1位、『ダイヤモンド就活ナビ　２０１４年版人気ランキング』では文系・女子で1位に輝いていました。

しかも、この人気は近年に始まったことではなく、30年以上も前の１９７７年でも東京海上は文系の人気1位にランクされています。

損害保険会社という認知度、社会貢献度や報酬の高さで知られる同社ですが、それ以上に、新卒採用に関して、なみなみならぬ努力を続けています。これは、私だけではなく、人材ビジネスに関わっている多くの人が認めるところです。

同社では、入社後の社員の実績の詳細なデータを集め、パフォーマンスを分析し、そのうえで、毎年、新卒採用の基準を見直しているそうです。また、採用担当者の教育にも注力しており、教育ビデオを作り、担当者をトレーニングしているのです。

トップ企業ほど、会社の将来について真剣に考え、採用と人材育成に重点を置いています。だからこそ、長年、トップ企業であり続けるのでしょう。

トップが明確な人材観を持たずに、「会社という組織があって、売れる商品を作っている限り大丈夫」と考えていたり、「人事部の採用担当者に任せっきり」というのでは、その企業の採用活動は成功しません。

御社の採用活動は大丈夫でしょうか？

少なくとも、30年以上、人気企業トップ10に入るような努力を続けていると胸を張って言えるでしょうか？

人の魅力が会社の魅力

みなさんは、どんな条件で会社を選び、その会社に就職されたでしょうか？安定性、報酬や待遇、それともやりがいでしょうか。これこそ人によってさまざまで、答えはどれかひとつだけということはありません。

しかし、企業側の観点でいうと、自社が社員にとって魅力的であり「いつまでも働き続けたい」と思うような会社であるために最も重要なことのひとつとして、「この人と働きたい」と思えるような魅力的な社員がたくさんいることがあげられると思います。

有名企業というブランド力にひかれて入社した社員はどうでしょうか。自分のキャリアに自信がついてくると、さらに大きな企業、有名企業に去っていきます。同じように、報酬が高いという魅力にひかれて入社した社員は、さらに高い報酬を求めて転職していくでしょう。

その企業の商品やサービスに魅力を感じて入社した社員なら、その商品やサービスが提供されなくなると、入社した意味を見出せなくなるかもしれません。時には何十年も愛されるロングセラー商品を生む企業もありますが、それはかなりのレアケース。時代の流れとともに消費者や社会のニーズは変化し、それに応えられないと、企業の存続自体が危うくなりますから、これにも問題がありそうです。

では、先輩社員や上司に魅力を感じて入った人はどうでしょう。

「この人たちと一緒に働きたい」「自分もこの人のようになりたい」「この会社を大きくするためにみんなと頑張るんだ」という思いを共有することは、仕事をするうえでの大きなモチベーションとなるのではないでしょうか。そして、たとえ何か問題が起こったとしても、乗り越える力にもなることでしょう。

「魅力ある人が大勢働いている会社」ということが、イコール会社の魅力となり、そういう魅力ある人を集めることが、会社の魅力を高めることになるのです。

だからこそ、企業にとってＨＲ（ヒューマン・リソース／Human Resources　人的資源）は非常に大切で、**採用こそがそれを支えるキーなのです。**

第2章

「戦略採用」の必要性

☑ 就活サイトによる弊害

企業が採用に関して確固たるノウハウを持っていない場合、さまざまな問題が起こります。

特に、就活サイトや自社のホームページが採用の入口として定着している現在では、大手企業や有名企業にはエントリーする学生が殺到します。そのため、人事部が最初に頭を悩ませるのが、会社説明会に来てもらう学生の選別です。

企業によって、その方法はさまざまで、在籍している大学名でもってふるいにかけている場合があり、それは「学歴フィルター」として学生のあいだでも知られています。就活サイトのオープンと同時にエントリーしたら、A大学の学生はエントリーできたのに、B大学の学生は「定員いっぱいで締め切りました」という表示が出てエントリーできなかった、というものです。

もちろん、人のポテンシャルは学歴だけで測ることはできませんが、最もわかりやすいスクリーニングの方法として、日本の企業では行われることが少なくありません。

就活サイトやホームページを経由したパソコンからのエントリーは、パソコンの最大の武器であるコピー＆ペーストや「人気企業、一括エントリー」というようなサービスによって、何社でも簡単にエントリーすることが可能です。以前のように、一枚一枚、手書きで履歴書を書くという手間がかからないために、１００社以上エントリーする学生も多く見受けられます。

逆に、企業側としては、膨大な数のエントリーシートをチェックして、その中から会社説明会に来てもらう学生を選び、日時を連絡するという作業をしなければなりません。これはとても骨の折れる作業です。それならば、偏差値の高い大学から選んでしまえ！　とは乱暴かもしれませんが、実際、エントリー数が多くなると、そうせざるを得ない状況なのです。

これは学生側にとっては、さまざまな企業にエントリーできるという利点がある一方で、企業側にとっては、エントリーしてきた人の交通整理をしなければならず、スクリーニングに非常に時間を取られるというデメリットをもたらしています。

優秀な人を採用したいという意欲はあっても、一人ひとりのエントリーシートを精査し、会社説明会に来てもらったり、面接する人を選ぶためのマンパワーもコストも不足している……。そのため、スクリーニングという作業が採用活動の大半を占め、肝心の「候補者の資質を見抜く」という段階に時間をかけられないのです。
これは大きな問題ではないでしょうか。

☑採用活動に一石を投じたドワンゴの「受験料」

「はじめに」でもふれましたが、エントリー数を減らし「本当に入社したい人材」を集めるために、エントリーに受験料を徴収するという制度を打ち出し、話題を呼んだのが株式会社ドワンゴです。

この制度は、首都圏（東京都、神奈川県、埼玉県、千葉県）の学生からのみ、受験料2525円を徴収するというもの。この制度の導入によって、2014年2月の時点で、前年同期に比べ、受験者数が64％も減少したというのです（就活サイト・リクナビを利用しなかったため、母集団が大幅に減少した）。

この制度に対し、厚生労働省が制度の主旨を同社にヒアリングし、その結果、同社に「助言」として口頭で自主的な中止を求めました（『読売新聞』2014年3月2日付）。

それを受けてドワンゴは「入社試験に1人の受験生が100社以上もエントリーしている状況は正常であるとは言い難く、受験生、企業の双方にも大きな負担がかかっており、こうした状況を解消すべきだと考えている」「受験料を払える人だけが採用試験を受けられることで、収入格差によって就職の機会が奪われる可能性があるという指摘を否定はしないが、2525円が就職の機会を奪うほどの高額であるとは認識していない。現時点においても、地方在住の学生は交通費などの経費負担が大きいため、首都圏の学生に比べて就職の機会を奪われている。首都圏の学生からのみ受験料を徴収するのは、この格差を多少なりとも軽減する狙い」という見解を発表しています。

また、制度の導入によって「応募者の評価にじっくり時間をかけられるようになり、また昨年よりも応募者の質が向上していると感じている」として、今後も受験料制度を継続したいとしています（ドワンゴのプレスリリースより要約。2014年3月3日付）。

受験料の徴収が是か非かという議論はさておき、ドワンゴがこのような制度の実施に踏み切ったのは、有名企業が抱えるエントリー数問題への対策です。

「本当に入社したい」という学生は、受験料を払ってでもエントリーするでしょうが、ひやかし半分の人は受験料を払ってまで受験しようとは思いません。結果、エントリー数が絞られ、最初のスクリーニングよりも、応募者の評価に時間をかけられるようになります。

そうなれば、「欲しい人材」のイメージに近い人を選ぶことに注力できます。これこそが、本来の採用の要であるはずです。

そういう意味でも、ドワンゴの今後の動向を見守りたいと思います。

☑ 人事部をめぐる問題

企業には、自社の社員として欲しい人材のイメージが必ずあるはずです。

ただ、そのイメージにピッタリの人を集め、採用できているかといえば、そこには疑問符がつきます。現在の就活サイト中心の採用方法では、「エントリーしてきた人」の中からしか、選ぶことができないからです。

もっとも、「欲しい人材のイメージ」というのも抽象的です。たとえば、その企業のトップによるイメージなのか、採用担当者のイメージなのか。

明文化され、採用に携わる人全員のコンセンサスがとれていれば別ですが、そうでない場合は大きな問題をはらんでいます。

たとえば、長年、人事部で採用を担当しているＡさんは、経営者の考えていることを察知し、人を見る目にも定評があります。Ａさんが「採用」と決めた人は、入社後は大いに活躍し、会社の業績アップに貢献しています。それなら、Ａさんに任せていても特に問題はないように思われます。

しかし、Ａさんが他部署に異動したり、定年退職したらどうでしょう？　その企業は、どんな人を採用したらいいいか、たちまち困ってしまうのではないでしょうか。

私の知る限り、人事部には２つのパターンがあるように思います。

１つは人事のスペシャリストがいて、長年、その人が採用を担当しており、タイプが似通っている人が入社してきます。

もう１つは、人事部の出入りが激しく、毎年のように採用担当者が替わる場合。ジョブ・ローテーションのように「一度は人事を経験しておくように」というスタンスのようです。

前者は採用担当者の「属人化」を招き、その担当者がいなくなった瞬間、採用部門（特に面接）の機能が停止します。後者は自社に採用のノウハウが蓄積しにくく、毎年、手探りの状態で一から採用活動を行うことになります。

いずれにしても、このような状態では、継続的に優秀な人材を獲得することは難しいでしょう。

これとは別の話になりますが、中小企業の場合、人事部というセクション自体がなく、採用活動を総務部が行っている場合があります。総務と人事の業務内容はまったく別ものです。会社の要である人事部を充実させることは、むしろ、これから発展していこうとする中小企業にこそ重要な課題だと思います。

☑ 採用の失敗は1000万円以上の無駄遣い

例年、採用活動がスタートする頃、「今年はリクナビかマイナビか。どこの就活サイトを使おうか？」と悩む採用担当者の話を耳にします。

新卒採用は毎年のことですから、当然、予算の枠があり、その中で、どのサイトを使えば優秀な学生がエントリーしてくれるか、サイトへの参画費用はいくらかといった費用対効果を考えてのことでしょう。

ここで採用をコストの面から考えてみたいと思います。

大卒の新人を一人採用するとして、その社員の年間の給与などの人件費は300万～400万円。そこに就活サイトや就活イベントへの参加費用、さらに入社後の研修などの教育費を合わせると、ざっと700万円ぐらいではないでしょうか。

ここに採用を担当する社員の給与を加えると、軽く1000万円以上はかかることになります。

しかし、もし、採用に失敗し（ミスマッチが起こる）、その社員が戦力になる前に辞めてしまったら、その分のコストは損失になってしまうのです！　残念ながら、ここまで採用のコストに対する意識を持っている企業は多くありません（あえて、考えないようにしているのでしょうか？）。

採用活動へのコストは、採用した社員が会社の戦力として、会社に利益をもたらしてくれることを前提にしたうえでの大きな先行投資です。それは、採用された社員が戦力として役立ち、会社に利益をもたらしてはじめて生きるもので、「入社後3年以内の離職」となれば、これは損失になってしまうのです。ですから、ミスマッチが起こらないように、人材を厳選することに最も注力すべきです。

「ミスマッチは起こるものだからしかたがない」と割り切って、採用よりもむしろ入社後の教育に力を入れる企業もあります。

社員教育は確かに重要で、採用と教育がＨＲ（ヒューマン・リソース）の両輪です。しかし、もともとその企業で必要とされる資質のない人を採用してしまった場合は、企業にとっても本人にとっても悲劇です。やはり、ＨＲは採用の段階が重要です。

自分がどういう人と結婚したいのかわからずに相手を探し、結婚してから相手を教育しようとしても、うまくいかないと思いませんか？

企業の採用に関しても、まったく同じことが言えるのです。

「直感採用」から科学的理論に基づく戦略採用への転換

これまで、日本企業の採用活動の問題点を述べてきました。

日本で「採用学」が確立されていない現在、どの企業も手探りの方法で採用活動を続けています。この状態をひと言で表現するなら日本的「直感採用」ではないでしょうか。企業経営者は「求める人材像」を明確にしておらず、抽象的なイメージを語るだけです。そのため、採用担当者と「求める人材像」が合致しないということが起こります。

それだけではありません。採用担当者は面接において、客観的なものさしを持っておらず、エントリーシートとイメージだけで採否を決めています。

その結果、「面接した時はいい人材だと思ったのに、入社後は態度が一変し、評価が落ちた」というギャップが生じたり、配属された現場からは採用基準を疑う声や人事部に対する不信感がつのります。

また、最悪の場合、入社したものの、すぐに辞めてしまう社員が出て、離職率が高くなる場合もあります。学生の口コミや情報網で離職率の高さが広まってしまうと、次年度以降の採用活動も大きなダメージを受けます。

主観による抽象的な採用活動をやめ、客観的かつ戦略的な採用方法に転換すること。そのサポートをするのが本書でご紹介する「T&Aメソッド」です。

このメソッドは、大きく分けると２つの段階があります。

第１段階は、**それぞれの企業・職種ごとに異なる「求める人材像」を具体化する**作業です。**自社独自の「採用基準」を作り、それを経営者や採用担当者全員が共有します。**

第2段階は、**「採用基準」を設定したら、その基準に合った人材を選び抜くための面接を行う**ことです。

候補者が、自社が決めた採用基準をクリアしている人物かどうか。**あらかじめ科学的に計画した質問を設定し、求める人材像の資質を候補者が持っているかどうかを見抜く**のです。

この2つの段階に関しては、第3章以下で詳しく述べます。

「集める」「選び抜く」「動機づける」——採用活動における3つの力

ところで、人事部の採用活動における力は、大きく分けて3つの段階で発揮することが必要です。これはリクルートが最初に定義したと聞いていますが、採用担当の目的と役割をとても端的にあらわしていると思いますので、ご紹介します。

まず第1段階は**「人を集める」**という力です。現在は就活サイトへの参画によって、そこから学生がエントリーしてくるという方法が大多数を占めます。そのため、大手や有名企業にはエントリーが集まりすぎて、会社説明会に来てもらう人を選別しなければなりません。一方、「B to B」で一般に名前を知られていない企業や、中小企業は人を集めることに苦戦します。

現在の日本の採用活動をみていると、この入口のところで悩んでいる企業が大多数で、ここにばかりお金をかけているように思います。

人を集めることも大切ですが、次の段階の、人を**「選び抜く」**作業はもっと大切です。

昨今は学生も大学側も内定をもらうことに必死になっているため、あらかじめ、エントリーシートの書き方や面接時の受け答えの練習など、十分すぎるほど準備をしてきています。つまり、受験者は内定を得るために、好印象に見せるテクニックを身につけているのです。これを採用担当者が見抜いて選ばないと、入社後のミスマッチが起こります。

私は本来、入社試験ではこの「選び抜く」に重点が置かれるべきだと思っています。面接という直接会うことのできる機会の中で、受験者の資質をどう見抜くか。これには人事担当者にもプロフェッショナルとしてのテクニックが求められます。

第3段階の**「動機づける」**は、受験者を入社させる力です。

「内定を出しても辞退されることが多いので、かなり水増ししないといけない……」という声をよく聞きます。これは、入社を動機づける力が弱いからです。その企業やそこで働く人に魅力があれば、合格者は必ず4月1日にその企業の入社式に来ます。そのためには採用担当だけではなく、企業が一丸となって取り組まなければなりません。カリスマ経営者の企業などは、社長自ら内定者に声をかけたり、会社の将来像を語ったりします。それが、内定をもらった人たちの心に響けば、「この会社に入りたい」「この人と一緒に働きたい」という入社への動機が高まるのです。

もっと身近な例で言うと、若手社員に「どうしてこの会社に入ったのですか？」という質問をすると、「人事の方がとても親切で、自分が悩んでいた時、親身にアドバイスをしてくださったから」という答えがよく返ってきます。つまり「自分の悩みを聞いてくれたり、適切なアドバイスをくれる先輩がいる会社なら、仕事上で少々つらいことがあってもやっていけるのではないか」という気持ちを持つのです。

以上のように「集める力」「選び抜く力」「動機づける力」の3段階が重なり合った部分がその企業の「採用力」です（図4）。あなたの人事部は、この3つの力を十分

（図4）企業の採用力

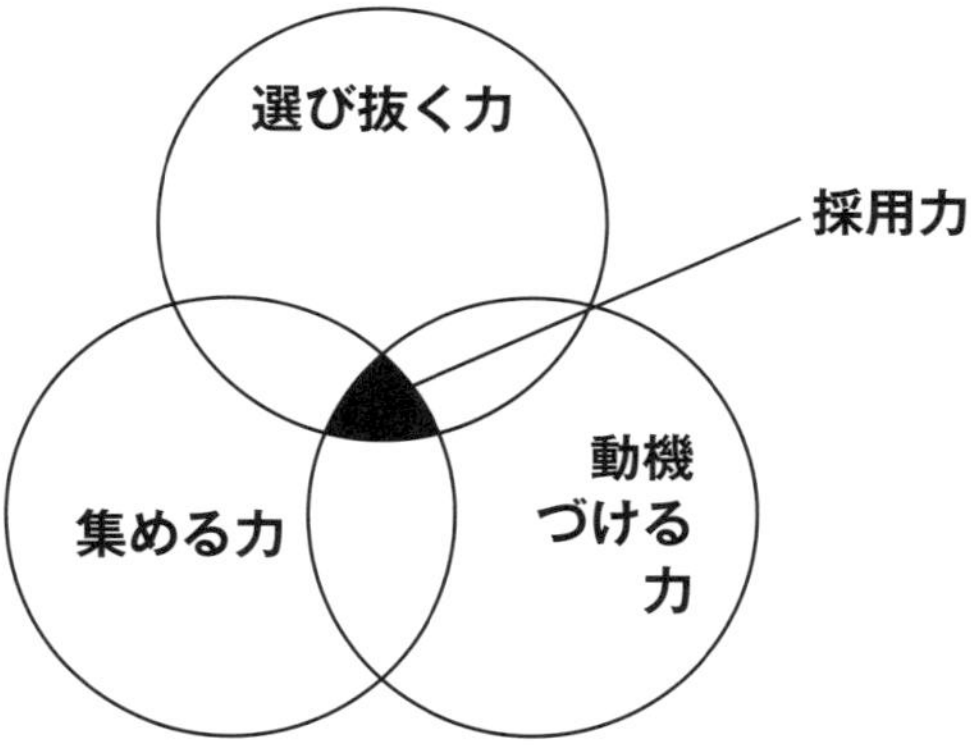

に発揮していますか？

根幹は「人を選び抜く力」

採用活動の第1段階の「集める力」は、就活サイトの活用、就活イベントや大学の合同説明会への参加、インターンシップなど、さまざまなアイデアが発案され、実現しています。また、最近は第3段階の「動機づける力」にも、さまざまな工夫をこらす企業があらわれ始めました。

しかし、採用担当者の独壇場でもある「選び抜く力」に関しては、どういうわけかあまり進化していないという話を聞きません。

そもそも10分や15分面接しただけで、人の本質を見抜けるはずもないという諦めなのでしょうか？　自分たちの段階で見極められないから、2次、3次、役員面接というように、何度も面接をくり返し、より多くの人の目を通して選ぶ。これでは自分たちの「選び抜く力」のなさを暴露して、責任転嫁しているようなものです。

少なくとも、自社の求める人材像に近い人物を厳選し、最終（役員）面接の段階では、候補者の中の誰を採用しても大丈夫、という状態にしておく必要がありますし、それが採用担当者の仕事です。

にもかかわらず、「今年はいい学生がいなかった」とか、「あとで社長に文句を言われるのがイヤだから、最後の判断は社長に任す」といって、「採用・不採用」の真ん中の「・」にマルをつけたという笑えない話を聞いたことがあります。これはもう、職務放棄ともいえるでしょう。

本書でご紹介する**「T&Aメソッド」は、この「選び抜く力」に重点を置いた画期的な方法です**。これまでにも、学生が萎縮してしまうような圧迫面接や個人の思想・信条などに関わる質問を避けるようなトレーニングの指南書はありました。しかし、**「欲しい人材像」に合致した人を選び抜くノウハウは、日本ではまだ紹介されていま**

せん。

これについては第5章で詳しくお伝えしていきます。

☑ 大学入試と採用試験の根本的な違い

学校の入試と企業の採用試験は根本的に違います。

それは、入試にはテストの点数という客観的な基準が存在し、その点数によって1位から最下位まで順位をつけられるので、合格者を100名と決めたなら、点数のいい人から順に100名に合格通知を出せばいいわけです。

ところが、採用試験では、簡単なペーパーテストは行っても、それが客観的な基準にはなり得ません。適性検査として広く使われている『SPI』も問題集や攻略法が広く出回っており、学生も対策を講じているため、現在は参考程度か、スクリーニングのひとつの方法として使用されています。

もし、入試のように点数をつけられる採用試験の方法が確立されたとしても、その結果の上位者を採用と決めるのも早計です。

なぜなら少子化によって受験者数が減っていくのに、毎年、同じ人数を採用していれば学校の偏差値が下がるように、評価が高い順であっても、採用基準を満たさない人では、入社後も企業側が期待するだけのパフォーマンスを発揮できないからです。

教育関係者に話を聞くと、少子化の影響で、国立や有名私立でも一定の学生数を確保しようとすると、偏差値の低下は否めないそうです。そのため、数年後にはあまり名を知られていない高校や大学の定員割れはさらに進み、消える学校も出てくる心配があるといいます。

ところが、この傾向に流されない学校が愛知県にあります。トヨタ自動車やJR東海、中部電力など中部地方の有力企業が中心となって設立した中高一貫の全寮制男子高校、海洋学園です。この学校では、一定の学力レベルに達していない人は合格させず、たとえ定員割れになってもやむなしということで経営努力を続け、生徒の学力のレベルを絶対に下げないのです。

私は企業の採用試験は、この学校を見習うべきだと考えています。就活サイトからエントリーしてきた人の中で、採用担当者の印象が良かった学生を入社させる。そこに、その人の資質のレベルはあまり反映されていません。もし、エントリーしてきた人の中に、「採用基準」をクリアした人が大勢いたとしたら、その中から選んでいいでしょう。しかし、もし、クリアできる人がいなければ、その中で無理に選んでも「今年はいい人材がいなかった」という残念な結果に終わってしまいます。その場合は、別の方法で人を集める必要があるでしょう。

テストの上位者を合格にすればいい入学試験と、採用基準に達しているかどうかという基準点を「絶対的なものさし」にする採用試験。そこには大きな違いがあります。

御社の採用試験は「入学試験」になっていませんか？

採用担当者にはトップセールスを抜擢せよ！

就活生のみなさんに聞くと、好感が持てる採用担当者は「よく自分の話を聞いてくれた人」という声が突出しています。

逆に嫌われるのは、「あからさまに上から目線で話す人」「意見を言ったら、必ず否定する人」という答えが返ってきます。

コミュニケーションの基本として、好感度や信頼度は一緒に過ごした時間の長さに比例します。さらに人は自分のことを話したい生き物であり、「誰かに聞いて欲しい」

という欲求を持っています。

多くの採用担当の方を見ていると、人の話をじっくり聞くことができない方が意外に多いように感じます。ビジネスでは「相手の話を聞くこと」がとても重要なのですが……。

採用活動に成功している企業、ＩＴ企業の先頭を走っているマイクロソフトやオラクルなどは、**採用担当者にトップセールスやその企業で最も輝いている人を抜擢しています。**

そういう人たちは仕事への自信にあふれてオーラがあり、就活生の憧れの対象になりやすい。そのため、まさに**「あんな人になりたい」「あの人と仕事をしてみたい」といった「動機づける力」になるのです。**

また、トップセールスであれば、間違いなく聞き上手で、逆にセールスの現場でのリアルな経験を候補者に伝えることもできます。

このような人を担当者に据えている企業の採用活動は、おおむね成功しています。

逆に、あまり現場を知らない人事畑の社員がずっと採用を担当していると、どういうわけか自分の役割を勘違いして、学生に対して高飛車な態度を取ったりするなど、学生の評判を落とすケースがみられます。

☑ 女性の力を生かす

もうひとつ、採用で成功する企業は、女性が人事権を握っていることが多いようです。

その理由はシンプルです。男性は過去よりも未来を語りたがる生き物、女性は不確定な未来よりも過去の実績で物事を判断する生き物だからです。これは後でお話ししますが、人を見抜く時、とても重要なポイントになります。

男性の採用担当者は

「当社に入社したら、どんなビジネスをしたいですか？」

「あなたは当社で、どんな活躍をしてくれますか？」といったことを聞きたがります。

同じように、女性にプロポーズする時も「あなたを必ず幸せにしますから」なんて未来を語りたがりますね（笑）。

しかし、これは人を選び抜く「戦略採用」では、意味のない質問です。

なぜならば、未来のことは何とでもいいように語れるからです。特に表現力のある人や事前に練習してくる人にとっては、未来を語ることはたやすいのです。ところが、女性はとても現実的で、そういう言葉に騙《だま》されません。その相手が将来、自分を幸せにしてくれるかどうかという期待よりも、今まで、その男性が「自分にどんなことをしてくれたのか」という過去の実績で男性を評価するのです。

そういう点で、私は男性よりも女性のほうが人の本質を見抜くのに長けているように思います。

もし、現在の採用担当者が思うような人材の獲得に成功していないとすれば、まずは、**その採用担当者が適任かどうかを考えてみるべき**です。そして、あまり相応《ふさわ》しくないと思われるのなら、御社の**「トップセールス」や「女性」を抜擢すべきでしょう。**私はそれがとても大切だと考えています。

蛇足ながら、「T＆Aメソッド」の面接手法を使えば、愛嬢・愛息が彼氏・彼女を紹介した時、その人がどういう資質を持っていて、娘・息子に相応しい人物かどうかを見抜くことができます！

第3章

「採用基準」を作る

☑「成績優秀な人」が唯一の採用基準？

本書では、採用担当者の個人的な「直感採用」から、客観的な採用基準に基づく科学的なメソッドへの転換をおすすめしているわけですが、日本企業が「直感採用」から抜け出せない大きな理由は、全社的な採用基準が具体的に決められないという点にあると思います。

「御社の採用基準は？」と尋ねると、

「上位校で成績優秀な人」

「コミュニケーション能力のある人」

「英語力のある人」

「体育会系」

などといった曖昧な答えが返ってきます。

確かに高学歴で成績優秀な人は会社の業務をすぐに覚え、早い段階から結果を出せるかもしれません。

コミュニケーション能力があれば、人の話をきちんと聞いて、自分の意見も言えるでしょうし、英語力は外資系企業には必須です。

また、体育会系の人なら、体力に自信があり、先輩後輩といった上下関係もわきまえていることでしょう。つらいトレーニングに耐えたり、大学の4年間、やめずに活動を続けたということは持続力やストレス耐性があるということかもしれません。

しかし、よく考えてみてください。

高学歴で成績優秀であったとしても、知識を重視する現在の教育システムの中では、誰もが自分で物事を考える力を備えているとは限りません。

「コミュニケーション能力がある人は営業向き」といわれますが、コミュニケーションは上手にとれても、目標意識が希薄な人は営業職には向きません。

また外資系企業では英語がただ話せるだけでもダメですし、体育会系だからといってリーダーシップがとれるとは限りません。何百回も黙々と素振りを続けることはできても、それだけで誰もがイチローのような選手になれるわけではないのです。

このように、採用基準が抽象的だったり、単なるイメージを語っているにすぎない企業が日本にはとても多いのです。

自社の展開するビジネスや業種、未来像を考えた時に、どの企業も同じような採用基準が語られるということにも疑問を感じます。同じような「採用基準」しか出てこないというのは、採用基準があまりにも漠然としていて、とことん真剣に考えて定義していないからではないでしょうか?

もし、自社に確固たる採用基準があれば、私がよく例に出す「ロシア生まれのフランス育ち、イギリスのオックスフォード大学を出た外国人」でも、言葉の問題さえクリアできれば、面接して合否を決めることは可能です。

現在のように、就活サイトからエントリーしてくるという方法が一般化してから、1つの会社に応募する人の数は飛躍的に増えました。人気企業になれば、それは何万人という膨大な数になり、人を集めることに苦労することはありません。

にもかかわらず、多くの採用担当者が「いい人が採れない」と口にしています。その原因はいったいどこにあるのでしょうか?

どんなに多くの人がエントリーしてきても、その中に、あなたの会社が欲しいダイヤモンドの原石があるとは限りません。

もし、ダイヤモンドの原石があったとしても、それを見つけ、選ぶことができなければまったく意味はないのです。特に新卒採用の場合、ダイヤモンドはあくまで原石なので、輝いているとは限りません。

あなたの会社では、ダイヤモンドの原石を見抜く方法を知っていますか？

あるいは、そのために何か策を講じていますか？

エントリーしてくれる人の数が多くなればなるほど、ダイヤモンドの原石を見逃さず、選び抜くことは難しくなります。

だからこそ、採用基準が重要になるのです。

冒頭で述べたように、採用基準を持っていないために、「直感採用」が通じない相手の能力を見抜くことができず、結果として採用を避けてしまうのが日本企業であり、日本企業の採用担当者なのです。

もし、自社に具体的な採用基準があって、その基準をクリアしているかどうかの判断ができる「メソッド」があれば、たとえどこの国で生まれ育った人が来ても、話す言語が違っても、対応はできるはずです。

言い換えれば、そういう具体的かつ客観的な採用基準を持たない限り、採用活動に成功する確率は低いのです。

それが主観的か客観的か、抽象的か具体的かどうかは別にして、どの企業でも「求める人材」のイメージはあるはずです。

しかし、採用を担当する人事部がなかったり（総務部が担当している）、中小企業などの場合、人を集めることが先決で、採用基準というところまで考えていられないという話も耳にします。

その中で、ちょっと驚くような話を聞きましたので、ご紹介しておきたいと思います。

☑ 上場企業の内定者を面接する企業

それは「上場企業の内定者なら、従来の入社試験のプロセスを無視して、最終面接だけで合否を決めますよ」といって優秀な人を集めようとしている企業です。

自社には明確な採用基準がないのですが「優秀な人を採りたい」「いい人を採りたい」という希望は大きい。ならば、上場企業で内定を取れるような学生を最終面接に引っ張ってこようというわけです。

自分たちに「人を見て選ぶ力」がないことを自覚しているのでしょうか？　他社の採用試験で合格するような人物なら間違いないという前提で、自分たちの手間を省いて、しかも、他社の採用担当者の目（採用基準）をあてにしているのです。

業界や職種が違う中、その企業に必要な人物の資質は決して同じではありません。ましてやこのような方法で内定を出したとしても、入社してくれる人がどれほどいるのかは疑問です。その企業のトップや採用担当者に魅力がなければ、「動機づける力」がないからです。

このようなことをする前に、やはり、自社にはどんな人物が必要なのか、真剣に検討すべきではないでしょうか。

☑「採用条件」と「採用基準」の違い

「山﨑さん、そうは言うけれど、うちの営業職は採用基準が明確だよ。新卒採用なら体育会系、中途採用なら営業経験３年以上と決めているから」

と話す採用担当の方がいます。

それを聞くと、私はつい「ちょっと待ってください」と言いたくなります。

これはその採用担当の方が**「採用条件」**と**「採用基準」**を混同しているからです。たとえば、仕事を遂行するためにどうしても必要なスキル、外資系企業なら英語力をはかるＴＯＥＩＣのスコアが８００点以上必要とか、経理担当なら簿記２級以上とか、採用条件を決めている企業は少なくないのでしょう。特に中途採用の場合、むしろ、ほとんどの企業は採用条件に合っているかどうかで合否を決めていると言えるかもしれません。

しかし、よく考えてみてください。

これはあくまで採用にあたっての「条件」であり、エントリーシートを見ればわかることです。採用条件だけで合否を決めるのであれば、面接などいらなくなります。

採用担当者が候補者に直接会い、面接をするのは、その候補者が備えている本質や資質を見抜き、自社が欲しい人物かどうかを見極めるためです。

その見極めるための尺度になるのが「採用基準」であり、「採用条件」とは異なります。

「それなら先に採用条件を決めて、それから採用基準で合否を決めればいいじゃないか」

そんな声も聞こえてきますが、これこそが大きな間違いです。

まず、確かめるべきは「採用基準」です。**なぜなら、採用基準はその人の本質や資質であり、「採用条件」はスキルにすぎない**からです。

スキルが条件なら、たとえば外資系企業で求められるＴＯＥＩＣのスコア８００点は、入社が決まってからでも勉強して達成できますし、企業でそのレベルに達するまでサポートすることもできます。簿記などの資格もそうです。

スキルは入社後のトレーニングやＯＪＴ（現場で業務に必要な知識や技術を習得させる研修）などで、いくらでも身につけることが可能です。

一方で、**個人の本質や資質はトレーニングすることができません**。

例をあげると「人の気持ちを察することができる」という感受性という資質は、トレーニングで養うことが非常に難しいのです。人の気持ちがわからない鈍感な人に「どうしたら人の気持ちがわかるようになるのか」は教えること自体、無理がありま す。人の気持ちに鈍感な人を、人の気持ちに敏感な人に変えることは難しいのです。

採用条件が不要ということではありません。しかし、**優先すべきはその人の本質や資質であり、「どんな本質や資質を持っている人を採用すべきか？」を考えることが、採用基準を作ることなのです。**

☑ 体育会系＝「バイタリティ」の落とし穴

営業職の新卒採用の場合、よく聞くのが「体育会系の人を採る」という話です。「体育会系」の人は、指導者や先輩たちに厳しく礼儀をたたき込まれているうえに、バイタリティがあるという理由からです。多くの採用担当者が「体育会系」＝「バイタリティがある」というイメージを持っているのです。これは、私は誤解だと思います。

学生時代、4年間、運動部に在籍していたとしても、その人は「先輩に言われた通りに何となく練習して過ごした」のか、「自分から良い成績を残そうとして、積極的に活動していたのか」では、その人の資質は全然違います。

確かに、営業職に必要な能力要件として、バイタリティは欠かせません。しかし、「先輩に言われた通りに練習していた人」は、入社しても、先輩に言われた通りの営業しかできない可能性があります。「当社はマニュアル通りの営業活動をする人が欲しい」というのならそれでいいのかもしれませんが、それでは誰もが憧れるようなトップセールスになるという可能性は低いでしょう。「体育会系」の人は、体力があってスポーツが好きな人です。でも、それはバイタリティではありません。

バイタリティとは、どんな困難に遭っても諦めない人、活力のある人であり、ひとつのことをやり続ける力をさします。

体育会系の人すべてが、この資質を備えていると言えるでしょうか？　くれぐれも「体育会系」の落とし穴にはまらないようにご注意ください。

☑ 資質を見極めることの大切さ

「体育会系の落とし穴」などと言うと、まるで体育会系の人の採用を否定しているように思われるかもしれませんが、決してそうではありません。体育会系の人なら誰でもバイタリティがあるという画一的なイメージを持つのは危険だという話です。

また「体育会系」といっても、どんなスポーツをしていたか、そのスポーツにはどういう能力が必要なのかを考える必要があり、それをしないまま安易に「体育会系」だからという理由で採用を決めているとすれば、それは採用担当者としての資質を疑われることになりかねません。

たとえば、野球とアメリカン・フットボール（アメフト）を比較してみましょう。

この2つのスポーツは、同じ「体育会系」でもその資質はかなり違うと思います。

日本では野球が、アメリカではアメフトが人気ナンバーワンのスポーツです。

オフェンス（攻め）とディフェンス（守り）がはっきり分かれる球技という点で、野球とアメフトにいくつか共通点がありますが、違いもたくさんあります。

まず、野球選手の体型は、だいたい同じように筋肉質で肩幅が広く、「野球尻」という表現もあるように、下半身もどっしりしている人が多いようです。かたやアメフトは、ポジションによって明らかに体型が違います。接触する競技であるために、体の大きな選手が有利ではありますが、そのアドバンテージを覆すスピードや技術があれば、小柄な選手やスリムな選手も活躍することが可能で、実際にそのような選手もたくさんいます。

技術面に目を向けると、野球は大雑把に分類すると、攻撃の際はボールが来たら打ち、守備の際はボールをキャッチするという技術。選手一人ひとりのパワーや技、経験やカンに頼るところが大きいスポーツです。

対するアメフトは、高校生チームであっても100以上のフォーメーションが存在し、それを憶えてプレイしなければなりません。つまり、体とともに、頭をフル回転させないといけないという頭脳ゲームでもあります。

そして、最も大きな違いは「試合時間」です。野球は9回までは何時間かかっても時間制限はありません。しかし、アメフトは決められた試合時間の中で戦うので、タイムマネジメントが必要になります。

このような比較をしてみると、いかにアメフトが個々のメンバーに対して「戦略」が要求される競技かということがわかります。

この2つのスポーツは、現在の採用面接の状況にもよく似ているようです。現在の日本における採用は、個人の技能や経験に負うところが多い野球に似ているようです。

一方、いろいろなポジションによって求められる能力が違い、適材適所というポジションとフォーメーション（採用基準に基づいて設定された質問）が存在するアメフトは、まさに「戦略採用」です。

日本においては、アメフトは一般には野球ほどメジャーなスポーツではありません。にもかかわらず、経営者層にはファンが多いのです。また実業団において、アメフトは部を引退しても会社に残り、役員まで上りつめる人も少なくありません。

このように、体育会系の人でも、それぞれ特徴は違い、求められる能力も違います。

その特徴や違いを考えない採用は、ミスマッチの原因になってしまうのです。

企業トップと採用関係者の「求める人物像」のコンセンサスをとる

本書でご紹介する「T＆Aメソッド」の第一段階は、**明確な「採用基準」を決めて、それを採用関係者の間でコンセンサスを得たうえで周知徹底し、採用活動を行うこと**です。

しかしながら、オーナー企業の経営者にありがちなのが、自分の好みを知っている腹心の部下に採用を任せっきりにしているケースです。部下はまた、その経営者の「人材に対するイメージ」をよく察知し、経営者のお眼鏡にかなう人を選びます。

そこに「属人化」という問題が出てきます。腹心の部下でなければ、オーナーの好む人材を採れないという問題もありますが、オーナーのお眼鏡にかなうというのはあくまでオーナーの「好み」でしかなく、それはその企業に必要な人材の採用基準ではありません。

このような企業はどんなに規模が大きくなっても、個人事業主の延長でしかなく、組織経営はできないのです。

本来は採用担当者の誰が面接しても、同じ結果が出ることが「客観的な採用基準」です。Aさんでも、Bさんでも、またCさんが面接しても同じ。誰か1人の判断ではなく、みんなが同じ答えを導き出せる。そのためには、とにもかくにも採用基準です。**採用基準を決めるということは、会社の将来像や具体的な経営計画が決められていることが前提です。**

たとえば、3年後にはアジアの某国に現地法人を設立し、ビジネス展開するという計画がある。そのために、語学が堪能で、慣れない国に行っても臆することなく仕事ができる人材を採りたい——というふうに。

だとすれば、その企業の舵取りをしているトップの意見を聞いておくことがとても重要です。大きな組織の企業になってくると、そういう場を設けること自体が難しいのかもしれませんが、ここを省略してしまうと、トップと採用を担当している現場との間に「求める人材像」のズレが生じます。

求める人材像が違えば採用基準も違ってしまうので、最終（役員）面接の段階になって「今年はいい人材がいない」とか「イメージしている人材と違う」という話になり、人事部全体の評価にも影響します。

まずは企業の将来像を考えているトップと採用関係者の間で「求める人材像」のコンセンサスをとること。それが、採用基準作りには重要です。

企業ごと、職種ごとに採用基準は違って当たり前

「T&Aメソッド」は、**「その企業が欲しい人材を採ることができる」を目的にしています。**「どんな人材を採るべきか」というアドバイスはコンサルティングの領域ですので、ここでは問題にしませんが、この章の後半で一般的な例をあげておきます。

企業によって人材を獲得する目的や企業の将来像、職種、社風などは違いますから、「求める人材像」も千差万別です。したがって、先にお伝えしたように、**それぞれの企業で「求める人材像」を議論し、採用基準を作成していただく必要があります。**

また、日本の新卒採用の場合、総合職か一般職か、もしくは理系か文系かという大雑把な一括採用が中心で、職種別採用はそれほど多くありません。

しかし、入社後、どの部署に配属するかという構想があるなら、**その職種を念頭に置いた採用基準を作成すべき**です。職種によって、必要な資質は違ってきます。それ

は一職種ずつ確認していくしかありません。

もちろん、既卒者（転職者）の場合は、あらかじめ職種も決まっていますから、職種別に採用基準を作成する必要があります。

少し手間がかかると思われるかもしれませんが、どんな方法であっても、採用活動に１００％の正解はありません。しかし、限りなく１００％に近づける努力は必要です。この採用基準がきちんと決まらない限り、客観性に基づいた採用活動は不可能です。「欲しい人材」の獲得のためには、手間を惜しまないでください。

☑「求める人材」のキーワードを徹底的に議論することからスタート

では、具体的な方法をご紹介していきましょう。

「Ｔ＆Ａメソッド」は、科学的かつ客観的根拠に基づいた戦略的採用が可能となるメソッドです。

その最終目的は、**面接を受けた人の本質・資質を見抜き、必要な人材を獲得すること**、そして、**企業と人材のミスマッチを防ぐこと**にあります。

そのため、まずはその企業における「欲しい人材像」を明確にするために、**客観的な採用基準を作ります。**

そのための具体的な方法をご説明しましょう。

企業のトップを含めた採用関係者が一堂に会し、「どんな人材が欲しいか」という議論を徹底的に行います。人数が多過ぎてコンセンサスをとりにくいという場合は、経営陣と人事部が別々に話し合った後に、それぞれの代表同士が話し合ってすり合わせをするという方法でもかまいません（この場合、経営者と採用現場とのズレがはっきり表れる場合もあります）。

もし、経営者が明確な「求める人材像」を持っていない、採用担当者に丸投げしているような場合なら、最初から全員で話し合ってもいいでしょう。

時間的な問題で、全員で話し合う場が持てないようなら、

「２０１６年に入社する新入社員に求めるのはどんな能力ですか？」

「どんな人物をイメージしていますか？」

といったアンケート用紙を作って関係者に記入してもらい、それを回収して集計するという方法もあります。

このアンケートの段階では

「最後まで仕事をやり遂げようとする人」
「すぐにへこたれない人」
「体力がある人」
「メンタルが強い人」

など、いろいろなイメージが出てくるはずです。ここではあくまでイメージなので、抽象的な言葉やキーワードの羅列であっても、まったく問題はありません。

☑「キーワード」から「能力要件」を明確にする

求める人材に対するキーワードが出揃ったところで、次はスキル・ディメンション＝**「能力要件」を明確にします。**

能力要件とは、職務の遂行に必要な能力のことです。たとえば、ある企業の営業職に求められる人材のイメージとして

「徹夜しても仕事をやり遂げる人」
「自力で壁を乗り越えられる人」

「体力がある」

「打たれ強い」

などのキーワードが出てきたとします。これらを分析、総合すると「持続性がある（気力が充実し、活力が充満している人）」ということになります。

実は職務の遂行にあたって、必要なスキルは次の5つに分類されます。

Ⅰ 個人的スキル
Ⅱ 対人関係スキル
Ⅲ 意思疎通スキル
Ⅳ 業務遂行スキル
Ⅴ 意思決定スキル

「能力要件」は、これらをさらに細かく区分けしていきます。
Ⅰ 個人的スキルとしては「イニシアティブ」「バイタリティ」など
Ⅱ 対人関係スキルとしては「感受性」「柔軟性」など
Ⅲ 意思疎通スキルとしては「理解力」「表現力」など

Ⅳ　業務遂行スキルとしては「統制力」など
Ⅴ　意思決定スキルとしては「判断力」「決断力」など

などがあげられます。

この中で「持続性がある」という能力は、個人的スキルの中の「バイタリティ」にあたります。つまり、その企業の営業職に求められる能力要件は「バイタリティ」ということになります。

一般的な能力要件は、先にあげたようなものですが、これ以外の要件を定義することも可能です。

たとえば、あるメーカーの新卒採用の場合。大きな生産ラインでの仕事を任せたいのなら、求める人材像では
「人の話を受け止められる」

「人の気持ちに敏感」

「自分の間違いは素直に認められる」

といったようなチームワークに関するキーワードが出てくるでしょう。

これは、Ⅱの「対人関係スキル」の中の「感受性」と「柔軟性」の2つを合わせた

「協調性」という能力要件になります。

「感受性」とは、相手の気持ちをくんであげる力、「柔軟性」とは、自分の気持ちを相手に合わせてあげる力で、この両方がないと「協調性」にはなりません。「感受性」のない人は相手の気持ちを敏感に察知することができないので、管理職になった場合に、パワハラをしやすいという傾向があります。

このように、**出てきたキーワードがどんな能力要件にあたるのかを検討していき、必要な能力要件を決めていきます。**

☑「能力要件」のリストを作成する

いくつかの能力要件が出てきたところで、次に必要な作業は**「その能力要件とは具体的にどんな能力をいうのか」を定義すること**です。

一口に「バイタリティ」といっても、人それぞれ、バイタリティという言葉に対するイメージは違います。ある担当者は「粘り強い人」をイメージするかもしれませんし、ある経営者は「困難や障害を乗り越える人」をイメージするかもしれません。

そこで、「バイタリティ」という能力要件を「目標や課題を生真面目に受け止め、困難があっても粘り強く取り組み続ける能力」と定義します。

この場合のキーワードは「生真面目さ」「粘り強さ」「気力」「体力」などです。

ちなみにここでいう能力要件＝「バイタリティ」の定義は、企業によって、また、新卒と中途でも異なります。同じ企業の「バイタリティ」でも、中途の場合は「目標や課題に真摯に取り組み、困難があっても最後まで自己投入してやり遂げる能力」と定義します。この場合のキーワードは「持続性」「自己投入」「気力」「体力」などで、新卒とは少し異なっています。

このように**能力要件とその定義を決め、リストを作成します（図5）**。1回の面接でチェックする能力要件は3〜5ぐらいが適切です。あまり多くなりすぎると、面接時間内に質問が収まりきらず、見極めることが難しくなるからです。面接を複数回行うのであれば、さらに多くの能力要件を確認することは可能です。

リスト作成の際、重要なことは、能力要件の優先順位です。

たとえば、能力要件が「バイタリティ」「イニシアティブ」「感受性」と出た場合、どの要件を1番にするのかを決めるのです。もし、「バイタリティ」が最も重要なら1番に、次に重要なのは「イニシアティブ」なのか「感受性」なのか。この順を検討し、能力要件の順位リストを完成させます。

営業職に必要な資質は何か？

このような観点から、個々のポストについてどのような資質が必要とされるのか、能力要件を明確にすることが、適正な採用にとって不可欠であることはご理解いただけたかと思います。

たとえば、「営業職に必要な資質」とは何でしょうか。これは多くの企業で、必ずと言っていいほど聞かれる質問です。

「営業職にはバイタリティが欠かせないだろうと思って体育会系の人を採用したが、どうも思うようなパフォーマンスが出ていない」

「うちは営業力がない」

このような声が聞かれることがあります。

では、この「営業力がない」とは、いったいどういうことなのでしょうか。

これは、もともと営業力の素養のある人を採用できていないということでもあるの

（図５）能力要件リスト例

優先順位	能力要件	定　　義
1	バイタリティ	目標や課題を生真面目に受け止め、困難があっても粘り強く取り組み続ける能力
	キーワード	生真面目／粘り強さ／気力／体力
2	イニシアティブ	より高い目標に向けて、自ら進んでなすべきことを考え出し、他に先んじて行動する能力
	キーワード	目的意識／自発性／率先性／始動性
3	感受性	個人や集団の感情や欲求を敏感に感じ取り、適切に反応する能力
	キーワード	敏感性／共感性／受容／支援

です。**「営業職にとっての能力要件」が明確化されていなかったからこそ、適材を見出すことができなかったのです。**ここにその企業の採用基準の問題点が見えます。

営業職で成功するためには、バイタリティが欠かせません。その点では、体育会系の人が必ずバイタリティを備えているかどうかは別にして、バイタリティはひとつの設定すべき能力要件です。

しかし、**バイタリティだけではどこの企業の営業職でも成功しないでしょう。**なぜなら、バイタリティと同じように、**営業職には「イニシアティブ」という要件も欠かせないからです。**

ここでいう「イニシアティブ」とは、**目標を達成するために必要な行動を、自ら実行に移すことのできる能力**をさします。バイタリティはあっても、イニシアティブがない人を採用していたのでは、期待するような結果は出てこないでしょう。しかし、この「イニシアティブ」が営業職に不可欠であり、能力要件に設定しなければならないということを認識している企業が意外に少ないのです。

もっとも、このバイタリティとイニシアティブは最低限必要な能力要件であって、この2つさえあれば、必ず成功するというものではありません。

これはあくまで営業職にとってベースとなる資質であって、さらには企業ごとに、携わる仕事の専門性によって、より具体的な能力要件の設定が必要になります。

バックオフィスの能力要件

いま営業職の能力要件についてお話ししましたが、さらには人事・経理・総務といったバックオフィス部門についても少しふれておきましょう。

これらの部門は営業職と違い、直接、会社に売上を計上できる部門ではありません。しかし、企業活動が円滑に行われるためには、重要な部門であることは間違いありません。

社員として会社の成長のために懸命に仕事をしてくれる人材を採用し、金銭に関する一切を管理し、社員が働きやすい環境を整える――。人事・経理・総務部門の仕事とは、このように定義づけられるのではないでしょうか。

こういった業務内容を考えれば、彼らの顧客は「自社の社員たち」であるということはすぐにわかるはずです。となると、この部門に求められる能力要件は、社員たちの気持ちを敏感に感じることのできる**「感受性」**であったり、どんな状況に遭遇しても対応できる**「柔軟性」**であったりします（この2つが備わると**「協調性」**になります）。

ところが、これらの能力要件が欠けていると、自分たちが社員を管理しているという思い込みから上からの目線でものを言い、横柄な態度をとる部門になってしまう可能性があります。もちろん、業務遂行に必要なスキルを持っていれば、仕事はスムーズにこなせるのですが、他の社員たちからみれば「イヤな人」になってしまいます。

特に中途採用の場合は専門性が問われることが多く、その人の持つスキルや経験で採用を決めてしまいがちです。しかし、その人が本当にその部門の仕事に向いているかどうか。これはバックオフィス部門であっても、能力要件を慎重に設定し、見極めるべきでしょう。

☑「学歴」は採用基準か？

明確な採用基準を決めていない企業にとって、「学歴」は人材を選ぶ際のひとつの目安になっています。過去に「エントリーシートに大学名を書く必要なし」という企業があらわれて話題を呼びましたが、最近はめっきりそのような話は聞かなくなりました。それどころか、学歴フィルターによって、会社説明会にすら参加できない就活生もいます。

専門学校や特定の職種に必要な専門知識・技術を得るための医学部といった学部生・院生を除き、大学や大学院で学んだことがすぐに企業で役に立つかといえば、それは無理な相談でしょう。それでもなお、どの企業もたいていは偏差値の高い大学の成績優秀な学生を選ぼうとします。

日本の大学は大学受験まで一所懸命に勉強して、入試に合格しなければ入学することができない仕組みになっています。そのため、上位校の学生は、多かれ少なかれ受験までかなりの勉強と努力をしているはずです（入学後はわかりませんが……）。

過去に、努力して「合格」という成功体験をしている人は、目的のために勉強し、努力することを知っています。ですから、入社後も業務遂行という目的に向けて、努力する確率が高いのではないでしょうか。その意味では、学歴はひとつの採用基準と言えるでしょう。

ただし、偏差値の高い大学を卒業した人たちだけがビジネスの世界でも成功するとは限りません。パナソニックの松下幸之助氏しかり、ホンダの本田宗一郎氏しかり。彼らは大学など卒業していません。このような成功例はいくつもあります。

そもそも人のスキル・ディメンション（能力要件）とは、目に見える知識や技能、態度だけで判断できるものではありません。むしろ、見えない部分の性格や価値観、信念やモチベーション、感性といったものが大きく影響します。

大学までの勉強だけで成功できるほど現実の社会は甘くない――みなさんはそのことをよくご存じのはずです。それでも学歴フィルターがなくならないのは、採用担当者が、他のものさしを持っていないからでしょう。

新卒はダイヤモンドの原石、中途採用は輝いているダイヤモンド探し

優秀な人材を探すことは、ダイヤモンド探しに似ているように思います。

中途採用の場合は、既に輝いているダイヤモンドを見つければいいのですが、他社で活躍していたからダイヤモンドだと思って手に取ったら、実はガラス玉だった……などということもあるので、見極めが必要です。

注意しなければならないのは、フィールドが変わると輝けない場合もあるということです。ある有名ブランドメーカーのマーケティングで成功したからといって、非上

場企業のマーケティングでも必ず成功するとは限りません。その企業自体が持っているブランド力、資金力、ネットワークなどに表面的な能力や外的条件がかみ合って、成功する人は大勢います。大手銀行に勤めていて、常に企業のトップと話をしていた人が、保険会社に転職した途端、アポイントメントも取れない……というのは時々聞く話です。その人が本来持っている目に見えない潜在能力は、成功する能力要件を満たしていなかったということなのでしょう。

人の能力とは、氷山と同じようなものです。水面上に出ている氷山は、ほんの一部にしかすぎませんが、目に見えるのでわかりやすい。しかし、水面下に隠れているその人のパーソナリティーの部分のほうが、その氷山の大部分を形作っています。大きな波が来たり、水面が揺れた場合、水面上に出る部分は変わります。

ビジネスも同じです。穏やかな波の日ばかりとは限りません。環境が変わった時でも、最大限のパフォーマンスを発揮できる能力を持っているかどうか。それを見抜くことが重要です。

一方、新卒採用の場合、ダイヤモンドの原石を探さなければならないので、それはそれで大変なのですが、原石だからこそリーズナブルというメリットもあります。そういう意味では、やはり、ダイヤモンドの原石を見抜く眼がとても重要なのです。

そして、ダイヤモンドの原石を活かすために重要なことは、自社にダイヤモンドを磨く人（育成層＝管理職）がいなければ、その層にもダイヤモンドを入れなければならないということです。だからこそ、採用活動は新卒と中途の両方が必要なのです。せっかくダイヤモンドの原石が入社してきても、磨ける管理職がいなければ、ダイヤモンドの原石は輝くことなく終わってしまう。それは宝の持ち腐れということになってしまいます。

もちろん、企業には、ダイヤモンドだけではなく、ルビーやエメラルドも必要です。しかし、石やガラス玉を「宝石だ」と勘違いしてしまうと、いくら磨こうとしても無駄な努力になってしまいます。それぞれの宝石を見極めて、種類に応じたポストや教育で輝かせる。そのためには、採用基準が大きなポイントになるのです。

第４章

採用面接の落とし穴

こんな面接をやってはいけない！

NG例その1——面接で履歴書の内容を確認する

戦略的採用面接のメソッドをお伝えする前に、現状の面接の問題点を明らかにしておきましょう。

面接時には、候補者のエントリーシート（履歴書）が採用担当者に渡され、それを見ながら質問するスタイルがほとんどです。その際、どんな質問をするか、あらかじめ決めていますか？　エントリーシートに記載されている出身地やその人が持っている資格、所属するサークルなどを聞き、そこにばかり時間を費やしていませんか？

もちろん、緊張している学生や候補者をリラックスさせるために、最初に答えやすい質問や話題をふってあげるという配慮は必要です。しかし、それだけに時間を割くのは本末転倒です。

直接、本人に会って話ができる面接の時間は、その人の能力要件を見抜くための貴重な時間です。特に、エントリー数が多い大手企業になればなるほど、候補者一人にかけられる時間は限られてきます。それなのに、エントリーシートを見ればわかるようなことばかり聞くのは時間の無駄です。それは単にエントリーシートに書かれていることを確認する作業でしかありません。

また、**採用担当者が候補者の本質を見抜こうとしていると同時に、候補者も採用担当者を通してその企業の採用への真剣度をはかっています。**

くれぐれも大切な時間を書類の確認にのみ、費やすことのないようご注意ください。

☑ NG例その2――志望動機を聞いて熱意をはかる

面接で必ず質問することの第1位にあげられるのが「志望動機」です。

エントリーシートに志望動機を記入してもらっているにもかかわらず、ほとんどの企業で質問しています。そのため、候補者もスラスラ答えられるように、何度も練習してきていて、お互いに「想定内」のやりとりになっています。

私が採用に携わっている株式会社アキタ（本社広島県福山市）では、**面接で志望動機は一切聞きません。**

アキタは、種鶏、ヒナのふ化、飼料配合から卵の出荷までの全工程を自社で一貫生産する、日本唯一の「完全直営一貫生産システム」を敷いている西日本最大手の卵の会社ですが、東日本での知名度はそれほど高くありません。そのため、将来の幹部候補となる優秀な人材を集めることに苦戦していました。

ここでは「受けに来てくれただけで、志望動機とみなす」という考え方のもとに、面接の場では、志望動機は問いません。

他にも、日本を代表するある法律事務所でも、志望動機は聞かないそうです。志望動機はレポートにして提出してもらい、レポートに誤字脱字があればそこで不採用です。なぜなら、法律事務所の弁護士に、書類の誤字脱字というミスはあってはならないからです。

志望動機を聞くのは、採用担当者の自己満足のように思われます。候補者はその企業に入社するために面接を受けに来ているわけですから、その企業のいいところをアピールしようと必死です。それを聞いていれば、採用担当者はいい気持ちになれるからです。

「志望動機はその候補者の『熱意』をはかるために必要だ」と言う人もいますが、熱意さえあれば、仕事がうまくいくのでしょうか？　いくら熱意があっても、その企業が求める能力要件をクリアしていなければ、その人を採用しても意味がありません。

むしろ、入社前の志望動機よりも「入社してから、この会社の価値、素晴らしさに気づきました」と言われるほうが、企業としての真の価値があるのではないでしょうか。

NG例その３――１次面接と２次面接で同じ質問をする

インターネットの発達は、人と人の間の、いわゆる「口コミ」の速度を劇的に変えました。その影響で、良い評判も悪い評判もあっという間に多くの人たちに拡散していきます。

就活生の間では「みん活（みんなの就職活動日記）」などの口コミサイトに、いろいろな企業に対する意見や評価が書き込まれていますし、ツイッターやフェイスブックなどのＳＮＳでも、情報は驚異的なスピードで確実に広がっていきます。

これらのツールの情報の中で、私が特に気になったのは「１次面接と２次面接、３次面接で同じことを聞かれた」という書き込みです。

面接を何次まで行うかは、エントリー数や能力要件、人事部のマンパワーなどによって異なります。しかし「最終面接で1次と同じことを聞かれた」あるいは「何次面接でも同じことを質問された」という情報には首をかしげます。1次面接から最終面接まで、その段階ごとになぜ同じ質問をくり返す必要があったのか、もっと言えば、それぞれの面接に計画性があったのでしょうか？

これは、就活生の間でも問題になっています。彼らにとって、本来の学生生活と就職活動を両立させるのは大変で、時間はとても貴重なのです。とりわけ地方在住者が首都圏で就職活動を行う場合は、交通費や宿泊費まで負担しなければなりません。そのような現状を考えると、意味がないままに何度も同じ質問を続け、面接を重ねる企業は、採用の姿勢を疑われます。

面接には明確な目的が必要です。そのために、第3章の「採用基準」で、能力要件を決めることをお伝えしました。

「採用基準に基づいて、1次面接では一番大切な能力要件の『バイタリティ』があるかどうかをチェックしよう」

「2次では2番目に大切な『イニシアティブ』と『感受性』をチェックしよう」

というように、**能力要件に基づいて計画的に面接を実施することで、欲しい人材を選び抜くことができます。**

そして、**最終面接の段階では「そこに来ている人は全員、能力要件を満たしているので、誰を採用してもいい」というのが理想です。**採用基準をクリアしてきた最終候補者なら、あとは役員たちの好みや印象で決めていいからです。

採用はたとえるなら、結婚する相手を決めることと同じです。どれほどハンサムでも美人でも、また頭脳明晰でも理想のプロポーションでも、性格や趣味といった内面性が好みでも、心の底から「この人と結婚したい」と思わなければ、その人を選ばないはずです。最終面接で、役員たちが「この候補者と一緒に仕事をしたい」と思う人でなければ、内定は出せません。

１次でも２次でも面接の目的がはっきりしないまま、同じことを質問され、漠然とした面接をくり返す企業――就活生たちは、そんな企業を笑い、すぐにその情報を広めてしまうことでしょう。

☑ ＮＧ例その４――候補者ごとに違う質問をする

面接の目的や質問内容を定義していない企業に多く見受けられるのですが、候補者ごとに質問内容をコロコロ変える採用担当者がいます。

候補者のAさんには「学生時代、最も頑張ったことは何ですか？」という質問をして、Bさんには「自分の長所は何だと思いますか？」という質問をします。その時の気分や相手によって興味本位な質問をしたり、違う質問をするのです。これでは公平さが保たれません。

仮に、候補者の「バイタリティ」を知りたいのであれば、「バイタリティ」という**能力要件を見抜くための、同じ質問を候補者全員にするべきです**。入試にたとえれば、問題が違うテストで試験したところで、点数の比較ができないのと同じことです。

客観的な判断には公平さは絶対条件です。第3章で定義した能力要件に応じ、それを見抜く質問を候補者全員にして、その結果で判断すべきです。候補者ごとに違う質問をするのは、行き当たりばったりの採用担当者、もしくは気まぐれと受け取られるばかりか、採用の判断基準をバラバラにしているのと同じことなのです。

☑ NG例その5――NG質問をくり返し、圧迫面接をする

「みん活」などで話題になるのが、「A社で圧迫面接された」というような書き込みです。面接でわざと答えにくい質問をしたり、セクハラやパワハラと同じように、候補者が不愉快になるような質問や態度で、候補者を心理的に追い詰める面接です。

読者のみなさんは既にご存じだとは思いますが、ここで改めてコンプライアンス上、問題のある質問について書き記しておきます。

そもそも、本人に責任のないことを採用基準にしたり、思想信条の自由に関わる質問はすべてＮＧです。

たとえば、本人に責任のない質問では

・「本籍・出生地」に関すること
・「家族」に関すること（職業・続柄・健康・地位・学歴・収入・資産など）
・「住まい」に関すること（間取り・部屋数・住宅の種類など）
・「生活環境・家庭環境」など

思想信条に関わる質問では

・「宗教」に関すること

・「支持政党」に関すること
・「人生観・生活信条など」に関すること
・「尊敬する人物」に関すること
・「思想」に関すること
・「労働組合・学生運動など社会運動」に関すること
・「購読新聞・雑誌・愛読書など」に関すること

そして、セクハラにつながる質問があります（特に女性候補者に対して注意！）。

・恋人の有無
・結婚または出産後の勤務の可否
・スリーサイズを問う質問

採用担当者は、短時間でも候補者との信頼関係をどれくらい築くことができるかが重要です。候補者の感情を害したり、傷つけないような言葉を選択する努力が求められます。

また、候補者が他社にもアプローチしている場合は、他社の誹謗中傷と受け取られるような発言や、「両社とも内定が出たらどちらに行きますか?」というような、選択を迫るような質問も慎む必要があります。

「圧迫面接でその人の理解力やストレス耐性をチェックしている」という話も聞いたことがあります。圧迫面接とは、候補者の言うことを否定したり、無視したりして、重苦しい雰囲気の中で行われる面接のことです。そんな雰囲気の中でも、相手の言っていることをきちんと理解し、受け答えができるかどうかを試しているというのです。人に不快感を与えて試すような企業は、ブラック企業です。

さらに言うなら、すべての候補者はその企業の潜在顧客でもあるのです。もし、圧迫面接を行えば、候補者はその企業に対して悪い印象しか持ちません。二度とその企業の商品やサービスは買わないでしょうし、将来、仕事上でも取引をしたいとは思わないでしょう。

採用担当者はそのことを十分、肝に銘じておく必要があります。

NG例その6――事前に答えを準備できる質問をする

面接という場では、候補者は自分を少しでも良く見せて、内定を勝ち取ろうとします。そのため、想定される質問項目に対して、あらかじめ答えを用意し、本番ではスラスラと答えられるように練習しています。

それは面接のための「演技力」と言ってもいいでしょう。採用担当者はその「演技」に惑わされることなく、その人の本質を見抜かなければなりません。そのためには、質問の準備はとても大切です。

先に述べた「志望動機」などは、どの候補者も必ず準備してくる質問ですから、演技が可能です。他にも「ご自身の長所をピーアールしてください」といった、どこの企業でも聞くような質問は意味がありません。何社でも答えの「使い回し」が可能だからです。

事前に準備できるような質問は、その人の準備力や表現力をはかるだけで、本質を見抜くことには何の役にも立ちません。

そういう観点からすれば、「候補者が事前に答えを準備できないような予想外の質問」が望ましいということになります。第1章でお話ししたグーグルの「飛行機の中にゴルフボールを何個詰められるか？」といった奇問も「予想外の質問」という意味では、正しいように思われます。

しかし、質問はあくまでその人の資質を探るためのものであり、必ず目的がありま す。予想されない質問だとしても、そこに目的がなければ意味がありません。第3章で「能力要件」のリストを作成したのは、このためです。

「候補者が予測することができず、なおかつ、能力要件を探るために、仮想や希望ではなく、その人の本質に迫るための有効な質問」を準備すべきなのです。

NG例その7――「理解力」を試すための質問をする

採用担当者が「面接時に不採用にする候補者」の第1位として、「質問の意図と違うことを話す」という項目が上がっています。質問の内容をよく理解し、きちんと答えられるかどうかで「理解力」を見抜こうとしていて、それができない候補者を「不合格」にしているのです。

理解力を見抜くためなら、極端なことを言えば、質問は何でもかまいません。「あなたの好きな野菜は何ですか？」と質問して「オムライス」という料理の名前が出てきたら、候補者は質問を理解していないということです。これなら、どんな質問でもかまわないわけで、質問自体の精査は必要ありません。

ならば「理解力」をはかるための質問など無意味ではないでしょうか？

しかも、質問自体にも問題がある場合があります。理解力をはかるためには、そもそも、質問の意図が相手にきちんと伝わるだけの内容でなければなりません。「候補者が理解力に欠ける」と言う採用担当者に限って、質問の意図がどのようにも受け取れる曖昧な聞き方をしているケースが多く見受けられます。これは候補者の理解力の問題ではなく、そのような質問をする採用担当者に問題があります。

「理解力」は質問することでチェックする項目というよりは、むしろ、観察することで見抜くべき能力要件ではないでしょうか。

つまり、さまざまな質問を投げかける中で、候補者の答え方を見て、その質問の意図をよく理解しているかどうかを観察し、判定すればいいのです。

同じように、質問ではなく観察することで資質を見抜く項目、いわば「観察項目」

は、他にもあります。

たとえば、外見や態度を観察することでチェックする「インパクト」、自分の考えや情報を、会話の中で効果的に表現しているかを見る「表現力」などです。これについては第5章でご説明します。

第5章

人材を見抜く採用面接メソッド

同じ東大生でも資質の違いを見抜く

いよいよ本書の核心部分である「採用基準に合った人材を見抜く面接」の方法についてお伝えします。

これまで採用基準を明確化することの大切さについてお話ししてきました。もしかすると中には、「当社では採用基準を明確にしている」という方もいらっしゃるかもしれません。それは非常に大切なことです。しかし、たとえきちんとした採用基準を決めていても、その基準に合った人材を見抜く術《すべ》を持っていなければ、求める人材を獲得できません。

本章でご紹介する「Ｔ＆Ａメソッド」の面接手法は、海外の有名企業をはじめ、アメリカのＣＩＡでも取り入れられている科学的な面接の進め方です。

その特徴は、**過去の行動を聞き出すことによって、その人の本質・資質を見抜くと**いうものです。

では、具体的な例をご紹介していきましょう。

エントリーシートに「東京大学　〇〇学部」と記されている学生2人に、面接する機会があったとします。どちらも東大ですから頭脳は明晰でしょう。

Aさんは両親も東大卒で、社会的ステイタスの高い職業に就いており、裕福な家庭で育ちました。小さい頃から学歴の重要さを教えられ、塾に通ってしっかり勉強し、東大に入ることを目標に努力してきた人です。

一方、Bさんは父親が幼い頃に他界して、母親に育てられました。生活に余裕はなく、アルバイトをしながら、勉強は独学で頑張りました。

さて、どちらかひとりだけ採用するとしたら、あなたはどちらを選びますか？

この質問に対して、実際、多くの採用担当者が「Bさん」と答えています。両親に東大に合格するための道筋をつけてもらうことができたAさんに対し、Bさんはそのようなサポートを受けることができず、自分自身で道を切り拓いてきたからです。

しかし、考えてみてください。もし、あなたがAさんと同じ両親が東大卒という環境で育ったとしたら、同じように東大に合格できたと思いますか？　――おそらく、即答はできないでしょう。有名進学塾に通わせてもらったり、家庭教師をつけてもらったところで、やはり、本人に「合格したい」という意志と勉強を続ける努力がなければ、合格することはできないはずです。時には親の期待を重荷に感じ反発したり、勉強を休みたいと思うなど、さまざまな葛藤もあったかもしれません。しかし、道を逸《そ》れることなく、晴れて東大生となったAさんは素晴らしい人物です。

一方のBさんが素晴らしいのは言うまでもありません。彼は用意された道もなく、ただひたすら自分の意志で努力を続け、見事に合格したからです。

このように、2人とも優れた人材ですから、どちらを採用するのが正解ということはありません。それよりも検討すべきなのは**「うちの会社に必要なのは、どちらの人物の資質か」**ということです。

もし組織の中でのルールに沿って、与えられた環境の中で目標を達成していくことに重きを置く企業なら、Aさんのような人物が合っているでしょう。上司の指示にも素直に従い、忠実に業務を遂行するはずです。

一方、Bさんのような人物には、前例やマニュアルなどがなく、一から自分で創り上げていく新規事業を任せるような企業が向いています。誰かに指示されるのではなく、自分で考えて自分で実行していくことにやりがいを感じ、力を発揮できるタイプだからです。

2人のバックグラウンドからこのような資質を見抜き、自社に必要なのはどちらなのかを判断すること。それは、エントリーシートの「東京大学　○○学部」という記述だけでは知ることができません。

書類を見ただけではわからない、その背景にあるものを探ることができる場が面接であり、そのチャンスをフルに生かすのが採用担当者です。

ここでひとつ、賢明なみなさんは疑問を持たれるはずです。第４章で、「家族」に関することもＮＧ質問の中に入っているのに、ＡさんとＢさんに、家族のことをどうやって聞き出すのか、ということです。

「聞きたいことをスムーズに聞き出す手法」、実はこれこそが本章で紹介する「Ｔ＆Ａメソッド」の特長です。

この場合なら「ご両親の学歴は?」と尋ねるのはもちろんＮＧです。

「あなたが東大に入ったのはなぜですか?」という聞き方をすれば、自然と答えの糸口は出てくることでしょう。

おそらくＡさんは「私は東大に入ることが当たり前だと思って、東大をめざしました。東大に入りたいというよりも、自然にそういう生活をしていたのです」

と答えるのではないでしょうか。

「では、なぜ、東大に入ることが当たり前だと思っていたのですか?」

という質問をすれば、

「それは、両親が東大卒で、親族も東大出身者が多いからです……」

というような話の展開になるでしょう。

逆にBさんにも
「あなたが東大に入ったのはなぜですか？」

と質問すると、

「東大を卒業して、誰もが認める一流企業に入りたいと思ったからです」

という答えが返ってきたとします。

「なぜ、一流企業に入りたいのですか？」

と聞けば、

「うちは母子家庭で、母が寝る間も惜しんで働いて、私を育ててくれました。だから私がしっかり勉強して東大に入り、いい企業に就職して、母に親孝行したいと思ったからです」

というような話が出てくるでしょう。

このようにして、自然と2人の育った環境の違いがよくわかりますし、それぞれの本質・資質も見えてくるのです。

☑「直感」では見抜けない潜在能力

「T&Aメソッド」は、学歴などの目に見える条件ではなく、**その人の本質・資質を見抜くためのメソッド**です。それゆえ、多くの企業からご相談をいただきます。他社では生かしきれていない才能が開花したり、ライバル社では必要とされなかった人材が、実は貴重なダイヤモンドの原石だったり。

ここではそういう例をご紹介したいと思います。

私がアクサ生命にいた頃、とても真面目な社員、A君という男性をスカウトしました。彼は地方銀行の出身で、銀行員を絵に描いたような雰囲気の人。しかも、自分からあまり喋《しゃべ》らないおとなしい社員でした。「こんなにおとなしくて、お客様の前でどういうふうに提案をしているのだろう?」と心配していたマネージャー職の私に、彼はある日、「同行して欲しい」と言ってきたのです。もちろん私は快諾しました。

彼はお客様の前でも、小さな声でいかにも自信なさそうに話します。そうしているうちに、お客様が「A君。きみは保険に入ってくださいって言えないんだろう?」と笑いながらおっしゃるのです。A君は正直に「はい」と消え入りそうな声で返事をしました。すると、お客様は「じゃあ、入ってあげよう」と大口の契約をしてくださったのです！

一般的に営業担当者は「この保険はこういうところがいいんです。だからぜひ入ってください」と提案することをセールスだと思っています。けれど、A君の場合は「入ってください」と自分から積極的に提案することができないようです。かわりに、お客様のほうから「入ってあげよう」と言わせる彼独自のセールススタイルを持っていたのです。お客様に契約して欲しいタイミングで、上司である私を同行させたのは、彼なりの戦略だったようです。自分の長所と短所をよく心得ていて、上司のサポートが必要とあれば、素直に依頼することができるのです。

実際、彼はトップセールスとして表彰され続け、そのままマネージャーになって、今では支社長となり、とても活躍しています。一見、口ベタで営業向きではないように思われても、銀行でも成績を残してアクサ生命に転職し、そこでもまた、成功を収めているのです。これは目に見えない潜在能力の高さゆえに、結果を残していける人材だったという証明でしょう。

また、こんな人もいます。現在日本有数の監査法人で公認会計士として活躍するB君。彼は大学生の頃、留年し、就職戦線にも乗り遅れ、学生時代のアルバイトの延長である居酒屋チェーンに入社し、そこで店長をしていたそうです。25歳になった時、彼は転職を考えました。それには2つのきっかけがありました。

B君の上司が子どもさんの参観日に行った時のこと。職業を聞かれて、返答に困ったそうです。居酒屋というと、どうしても夜の仕事というイメージがある。それを子どもたちの前で言うのを、少しためらってしまった、と。

さらにその後、同窓会に出席した時のことです。「B君は今、何やってるの？」と聞かれて「居酒屋の店長だけど」と答えると、話はそこで終わってしまい、誰も自分の仕事のことを深く聞いてくれなかったそうです。

もちろん居酒屋の仕事であっても、そこにやり甲斐を見出していくこともできるかもしれません。実際立派に成果をあげている人も多くいることでしょう。ただB君の場合は、最もやりたい仕事として居酒屋を選んだというよりも、学生時代のアルバイトの延長で来てしまった、というところがありました。そんな時に自分の仕事について考えさせられる出来事が起こったため、B君は「このままでいいんだろうか？」と考え始めたのです。

さてその後、彼は大学時代商学部で学んでいたので、いろいろ調べた結果、公認会計士になることを決意します。それから1年間、必死で学費を貯めて、26歳で専門学校に入学し、4年間猛勉強をして、見事に公認会計士の資格を取ったのです。それからはとんとん拍子でした。日本有数の監査法人に入社し、現在はその監査法人で飲食ベンチャーを担当し、活躍しています。

もしB君がまったく違う業種の会社に応募した場合、採用担当者が履歴書の「居酒屋の店長」という経歴だけを見て、即採用しようとは思わないでしょう。しかし、彼の資質を見抜ける採用担当者がいれば、その企業は喜んで彼を採用するのではないでしょうか。なぜならば転職を決意してからの彼の行動を知ると、そこに問題解決能力、実行力、バイタリティなど素晴らしい能力があることを見て取れるからです。もちろん、公認会計士の資格を持っているといっても現場経験のない彼を採用した人は、彼の素晴らしい資質を見抜く力を持っていたといえるでしょう。これはB君にとっても監査法人にとっても幸せな出会いでした。

A君やB君のような人物の能力を見抜き、採用することで、会社のヒューマン・ブランドを上げていく。結局、それができるかできないかが採用担当者の本当の実力です。ただ、何も基準を持たないままでは、人の本質を見抜くことはできません。自社における採用基準のリストが完成していて、それに合った人材を選び抜くテクニックがなければ、このような採用活動は不可能なのです。

戦略的採用面接メソッド（Ⅰ）――「質問」でもって能力要件を見抜く

「T＆Aメソッド」は、第一段階で**「採用基準」を決め、**第二段階では**「その採用基準に合った人材かどうかを見抜く面接」を行います。**

特に、第二段階の面接はとても重要で、そのための準備を周到に行います。

まずは、面接時の**質問でもって候補者の資質を見抜く方法について**ご紹介します。

質問はあらかじめ準備します。まずは第3章で作成した**能力要件（スキル・ディメンション）のリスト（図5。81頁）に基づいて、その要件の評価に必要な情報を集めるためには面接でどんな質問をすればいいかを徹底的に考えます。**

これまでの面接では「持続力があるか」「自分で壁を乗り越えられるか」といった資質を知りたいがために、限られた時間の中でいくつもの質問をしなければなりませんでした。しかし「T＆Aメソッド」では、**知りたい資質は能力要件として集約され**

ているので、あらかじめ質問を厳選しておくことができます。

どの候補者に対しても同じ質問をして公正さを保ち、面接時間のロスも減少させることができます。

「T&Aメソッド」は、「どんな人物なのか?」という抽象的なものを探るのではなく、**職務を成功させるためには「どんな資質が必要か?」に焦点を当て、具体的な行動に関するデータを聞き出します。**ただ、行動に関するデータを集めるためには、行動を引き出す質問をしなければならず、そこには採用担当者のテクニックが必要です。

どんな採用担当者でも偏見や先入観、自分の好みなどをゼロにすることはできません。そこで、**個人の観察をグループ（複数）にすることによって、客観性に近づけるようにします。**最低2～3人の採用担当者を置き、すべての面接手順が終わるまでは結論を出しません。そして、**採用担当者の合議のうえで合否を判断します。**

従来のように採用担当者の印象や直感に頼らず、あくまで候補者の行動に関するデータを集め、候補者の能力を評価していくのです。

このメソッドを導入すれば、企業側の期待と入社する社員の能力が合致し、社員が仕事や役割を進んで行い、職場に長く定着する確率が高くなります。つまり、ミスマッチが起こりにくくなり、何度も無駄な採用活動をくり返す必要がなくなるのです。

「行動質問」が面接でのキーになる

一般に、面接でよくされる質問は、その目的によって大きく3種類に分類されます。それは**「仮想質問」「誘導質問」**そして「行動質問」です。この中で「T&Aメソッド」が必要とするのは、**候補者の過去の事実を知るための「行動質問」**だけです。

行動質問とは、後でも詳しく述べますが、**過去にその人がどんな行動を取ったかを知ることによって、その人の本質・資質を見抜くというもの**です。なぜなら、行動質問だけが、その人に関しての「事実」を明らかにできるからです。

では、なぜ面接において「仮想質問」と「誘導質問」ではいけないのかという理由を先にお話しします。

まず、**「仮想質問」**とは、**候補者に意見や考えなどの一般論を語らせる質問**です。あくまで仮定における一般論なので、候補者本人が行動していないことでも、事前に練習していれば、何とでも語ることができます。そのため、過去の行動を知るための根拠にはなり得ません。

〈仮想質問の例〉

●社会人としての今後のあなたの抱負は何ですか？
●長期休暇が取れたら、何をしたいですか？

次に、**「誘導質問」**です。誘導質問とは、**面接者が「期待する答え」を候補者に知らせてしまう質問**です。

暗に「好ましい答え」を示しているので、「入社したい！」と考えている候補者は、それが自分の本心とは違っていても、暗示された好ましい答えに同意して「はい！」と答えてしまいます。これでは、候補者の本心を見抜くことができません。

〈誘導質問の例〉

●残業することは別に問題ないですよね？
●特に希望するセクションはありませんよね？

従来の日本企業の面接では、このような仮想質問や誘導質問が多く、候補者側もそれを想定して、面接の練習をしています。そのような状態では、候補者の本質が見えず、ミスマッチの原因ともなっています。

「面接では自分の意見をはっきり発言していて活発な人に見えたのに、入社したら、会議の場で発言したのを見たことがない。こんなはずじゃなかった」などということが起こり得るのです。

過去の行動から未来は予測できる！

２０１３年、テレビで人気の司会者の次男が窃盗の容疑で逮捕され、その司会者はいくつかの番組を降板したことが大きな話題になりました。この息子さんは、父親のコネでテレビ局に入社したそうですが、逮捕されたことで解雇されました。マスコミの報道によると、彼は高校生の頃にも万引事件を起こし、停学処分を受けたことがあったそうです。

韓国やイギリス、フランス、ドイツ、カナダ、スウェーデンやアメリカ合衆国の半分以上の州などでは、性犯罪を犯した前歴者を、GPSを利用して監視する「性犯罪者GPS監視」を実施しています。これは性犯罪の再犯率が非常に高いことが背景にあります。日本においても強姦・強制わいせつの再犯率は37・5%（2010年犯罪白書）にものぼっており、性犯罪者GPS監視の導入の必要性についてたびたび議論されています。

人間が本来持っている資質や性格などはなかなか変わるものではありません。そこは水面下の氷山のように、外からは見えません。この見えない部分に、その人の潜在能力があります。その基本的な資質や性格は、良いことも悪いこともくり返す傾向があります。人気司会者の息子さんは、悪いほうをくり返してしまった例です。

同様に、過去に努力をした人は将来も努力をします。有名大学の学生が評価されるのは、努力して難関校に入学したという事実があるからです。過去に努力した経験のある人は、将来も目標に向かって努力します。多少かたちや置かれた場所が変わったとしても、本質的な部分は変わらないので、行動はくり返されるのです。

では、その見えない部分である資質をどうやって見抜けばいいのでしょう?

その方法はただひとつ、**その人の過去の行動を知ること**です。行動は、その人の資質や性格の上に地層のように重なった表層部分で、唯一、目に見える部分です。そこを知ることができれば、水面下の見えない部分を推測することができるからです。

これは「行動質問」と呼ばれるものですが、実はこの手法はグーグルなどの外国企業はもちろん、ＣＩＡでも取り入れられ、活用されています。この「過去の行動」を聞き出すことで、能力要件を見抜くという面接手法が、「Ｔ＆Ａメソッド」の基本的な考え方なのです。

☑ 幼稚園の面接を見習え！

今年、お受験を経験しました。と言っても、もちろん私ではありません。息子の幼稚園の話です。この時、幼稚園の試験に立ち会って、大変驚きました。なぜかと言うと、幼稚園の試験は**「行動観察」**だったからです。

昨今、お受験ともなれば、有名受験塾に通わせて、面接のトレーニングをさせる親御さんが大勢いらっしゃいます。私も自分の息子の受験にあたり、面接に立ち会ったり、一緒に受験した親御さんと話したりしたのですが、受験塾に通い、きちんと面接の対策を行っているお子さんたちが、意外にも不合格になっていたのです。

幼稚園の面接官の方たちは、塾で面接用のトレーニングをしてきた子どもさんを即座に見抜くようです。そして、面接時だけでなく、みんなで遊ばせたりしている時も、子どもさんの行動をよく観察しています。ブランコに乗る順番をきちんと守っているかどうか、他の子がころんだら、助けてあげることができるかどうかといった行動を、つぶさに観察しているのです。

この幼稚園での例でもわかるように、人の資質を見抜くための最もいい方法は、実はその人の日常の行動を観察し続けることです。たとえば「テニス部の部長をしています」という候補者がいたら、その候補者がテニス部の活動でどんな役割を担っているか、観察すればいいのです。中途採用の場合なら、前職の仕事ぶりをみれば、どのような能力のある人かがわかります。しかし、現実の採用においてそのようなことを行うのは不可能です。そこで過去の行動を質問し、判断材料になるデータを集めることで、その人の資質を割り出すのです。

大人は面接の場で、演技もすれば嘘もつきます。しかし、幼い子どもたちは、上手に演技したり、嘘をつくことができません。たとえ進学塾で教わった通りに演技したとしても、幼稚園の面接担当者は見抜きます。そして、行動をよく観察していれば、どんな育てられ方をしているか、どんな性格の子なのかを見抜くことができることをよく知っているのです。

面接用に準備された回答をよどみなく話す候補者よりも、どんな行動を取る人なのかを知ること。それは、**過去の行動について問う「行動質問」によってしか知ることができません。**このことを息子のお受験で改めて認識させられました。

実は、ビジネスの場でも「行動観察」ができる例があります。それは、インターンシップです。インターンシップでは、一定の期間、その職場で業務に携わらせることにより、その人の行動をじっくり観察できます。実際の業務では演技も嘘も通用しません。そのため、会社にとって必要な人材かどうかを見極めることが可能になります。

過去の行動を聞き出す質問の技術

では、過去の行動を聞き出すためには、どのような質問のしかたをすればいいのでしょうか？

それは候補者に**「過去に、ある特定の状況に置かれた際、目標や課題に対してどんな行動を取ったか」を具体的に語らせるような質問をすること**です。

たとえば

「友人から恋愛の相談を受けた時、あなたはどのように対応しましたか？」

「試験日が迫っているにもかかわらず、勉強が思うようにはかどらなかった時、あなたはどのようにしましたか？」

というような質問です。

ただし、単に、その候補者が取った行動を聞くだけでは、能力要件のチェックにはなりません。どれだけ行動を聞き出せても、候補者がその時置かれた環境が判明しなければ、評価ができないからです。

そこで、次の４つのポイントが明らかになるように質問を設定する必要があります。

①状況　その時点での、行動を取り巻く環境はどうだったか？
②課題　その時点での、課題や目標及び任務は？
③行動　候補者が取った行動、または取らなかった行動は？
④結果　行動の結果（成果は？　変化は？）

この４つのポイントが揃った時、面接で聞き出した情報は完全な行動例になります。

〈行動質問の例〉

●あなたが○○で独自に工夫した具体的な例の話をしてください。
●とても成果が上がったというお話ですが、実際にどのように働きかけたのですか？

なお、118ページであげた仮想質問や誘導質問は、内容によっては、行動質問に言い換えることができます。たとえば、

（仮想質問）長期休暇が取れたら、何をしたいですか？
↓
（行動質問）夏休みは、どのような過ごし方をしていましたか？

（誘導質問）特に希望するセクションはありませんよね？
↓
（行動質問）ゼミや部活、サークル活動で希望や提案が通らなかったことはありますか？

概念的な話ではなく「本人が過去に行動した経験がないと答えられない具体的な質問」に変えること。こうすれば行動質問にすることが可能です。

〈仮想／誘導／行動質問テスト〉

次の質問はⒶ仮想質問、Ⓑ誘導質問、Ⓒ行動質問のうち、どれにあたるでしょう？

(1) 周囲がみんなあなたの意見に反対した時は、どのようにしましたか？
(2) 弊社についてはどのようにして知りましたか？
(3) 出張や転勤はできますよね？
(4) もし必要なら、パソコンを習う気持ちはありますね？
(5) この面接に備えて何かしましたか？
(6) 残業はできますよね？
(7) あなたの生涯の目標は何ですか？
(8) 人間関係はうまくやっていけそうですか？
(9) 会社の方針とあなたの意見が合わない時はどうしますか？
(10) どうしてもやりたいのに規則で禁じられている場合、あなたならどのようにしますか?

(回答は146頁)

☑ 質問表を作成する

質問のしかたについて理解していただいたところで、面接用の**「質問表」**を作ります。面接時には、この表をもとに質問を行います(候補者全員共通)。

第3章で作成した「能力要件リスト」をもとにして、質問を設定していきます。

たとえば、能力要件で「バイタリティ」「イニシアティブ」「感受性」の3つを決めたとしましょう。それぞれの要件は、あなたの会社ではどんな能力をいうのか、定義されていますか? ここでは仮に次のように定義してみましょう。

(1)「バイタリティ」=目標や課題を生真面目に受け止め、困難があっても粘り強く取り組み続ける能力

(2)「イニシアティブ」＝より高い目標に向けて、自ら進んでなすべきことを考え出し、他に先んじて行動を開始する能力

(3)「感受性」＝個人や集団の感情や欲求を敏感に感じ取り、適切に反応する能力

さて次に、これら3つを判断するために候補者に投げかける質問を設定します。**その際必要なことは、先に紹介した4つのポイント、すなわち①状況　②課題　③行動　④結果、が明らかになるような質問設定にしなくてはなりません。**

質問の数は、1つの能力要件について3つぐらいが適当です。あまり多くなると、面接が長時間になってしまいます。

〈質問例〉「バイタリティ」＝目標や課題を生真面目に受け止め、困難があっても粘り強く取り組み続ける能力。

●質問　徹夜で勉強したという経験はありますか？
↓　フォロー①状況　なぜ徹夜をする必要があったのですか？　具体的にお聞かせください。
↓　フォロー②課題　成果はいかがでしたか？

↓
フォロー③行動　翌日はいかがでしたか？
↓
フォロー④結果　結果はいかがでしたか？

このように、①〜④のポイントが明らかになるような質問を設定していきます。
同様に、能力要件「イニシアティブ」を判断するための質問を設定します。

〈質問例〉「イニシアティブ」＝より高い目標に向けて、自ら進んでなすべきことを考え出し、他に先んじて行動を開始する能力。

●質問　ゼミや部活、サークル活動などで、自分から何か提案したことはありますか？
↓
フォロー①状況　それは具体的にどんなことですか？
↓
フォロー②課題　なぜ提案しようと思ったのですか？
↓
フォロー③行動　それは誰からのアドバイスですか？
↓
フォロー④結果　それは有効な手段でしたか？

同じように、能力要件「感受性」を判断するための質問です。

〈質問例〉「感受性」＝個人や集団の感情や欲求を敏感に感じ取り、適切に反応する能力

●質問　ゼミや部活、サークル活動で人間関係上のトラブルに巻き込まれたことはありますか？

↓フォロー①状況　その状況を具体的にお聞かせください。

↓フォロー②課題　あなたはどのように対応しましたか？

↓フォロー③行動　一番配慮したことは何ですか？

↓フォロー④結果　結果、どのようになりましたか？

☑ Q＆Aの具体例

採用担当者　ゼミや部活、サークル活動などで、自分から何か提案したことはありますか？
候補者　はい、あります。
採用担当者　それは具体的にどんなことですか？
候補者　テニスサークルの新入生募集をしていた時のことですが、人の集まりがあまりよくなかったので、どうすれば人が集まるのか？　ということがサークル内の問題として持ち上がりました。
採用担当者　その時、あなたは具体的にどんな提案をしたのですか？
候補者　かわいい女子とイケメン男子を前面に打ち出して、新入生歓迎会を主催することにしました。
採用担当者　なぜ、そのような提案をしようと思ったのですか？
候補者　『エースをねらえ！』のお蝶夫人や岡ひろみ、藤堂先輩のイメージで、憧れの存在が人気を集めるキッカケになると思ったからです。
採用担当者　それは誰からのアドバイスですか？
候補者　いいえ。私のアイデアでした。

採用担当者 それは有効な手段でしたか？
候補者 大成功しました。サークル入会希望者が一気に5倍に膨れ上がりました。

戦略的採用面接メソッド(Ⅱ)――「観察」でもって能力要件を見抜く

以上、ここまでは面接において過去の行動を聞き出す質問をすることで、候補者の資質をチェックする方法についてご説明してきました。

次に、質問ではなく、面接の時に**候補者**を「**観察**」**することによって判断できる能力要件**についてお話ししたいと思います。

それは「**インパクト**」と「**理解力**」、「**表現力**」です。

「理解力」については第4章で既にお話ししましたので、ここでは「インパクト」と「表現力」についてふれておきましょう。

「**インパクト**」**とは、候補者の外見の印象のことです**。どんなにバイタリティやイニシアティブがあっても、服装や髪形に清潔感がないような人は、営業職として相応しいでしょうか？　また、職種によっては口ひげをはやしていることも、あまりよい印象を与えません。

「インパクト」という能力要件には、常識の範囲内での身だしなみや持ち物、立ち居振る舞いなどができているかが含まれます。これらすべてを総合して、その候補者の好感度を作り出すのですから。

アメリカ大統領としてあまりにも有名なリンカーンは「顔が気に入らない」という理由で、ある男の採用を見送りました。男が抗議すると、リンカーンは「人間、40歳を過ぎたら、自分の顔に責任を持たなければならない。あなたの顔はそうなっていない」と答えたという逸話が残っています。最終段階まで残った候補者だというのですから、相当能力の高い人だったに違いありません。

それにもかかわらず、採用されなかったということは、「インパクト」がいかに重要であるかを表しているように思います。

ここまで極端ではないかもしれませんが、人は意外に外見の印象に左右されるものです。10年ほど前に『人は見た目が9割』という竹内一郎氏の著書がベストセラーになりました。やはり、人に好感を持ってもらえる外見というのはビジネスの世界でも大切ですから、面接時の観察項目として、「インパクト」は重要です。

もうひとつ「**表現力**」は、**他人にわかりやすく説明したり、表現する能力のことです**。どんなに話の内容が素晴らしくても、声が小さくて聞き取りにくかったり、また話が冗長でダラダラと続くような人は、表現力が高いとは言えません。

わかりやすい言葉で明瞭に簡潔に、表情豊かに話すことで、他人に何かを正確に伝えることができる。

ただし、この表現力は、ある程度トレーニングすることが可能な能力要件です。

☑ 評定表の作成

いかがでしょうか。このようにして、「行動質問」に「観察項目」を付け加えることで、表を埋めることができました。

さて、最後の作業は、質問の答えから資質を導き出すことです。この方程式が「T&Aメソッド」の真骨頂と言えます。

面接がすべて終了したら、**評定表を作成します**（図6）。これは、候補者の能力を数値化し、合否の判定をするためのものです。

（図６）評定表例

候補者名＿＿＿＿＿＿＿＿＿＿

スキル・ディメンション		個人評定結果				総合評定
		担当者A	担当者B	担当者C	担当者D	
行動質問項目	バイタリティ					
	イニシアティブ					
	感受性					
合計評価点						
観察項目	インパクト					
	理解力					
	表現力					
合計評価点						

＜評定結果の根拠＞

たとえば、「バイタリティ」という能力要件に対して、質問の答えから次のように点をつけます。

「バイタリティ」を満たす資質が多数確認できた場合	5点
「バイタリティ」を満たしている資質が確認できたという場合	4点
過去の行動から「バイタリティ」が確認できたかどうかが微妙な場合	3点
過去の行動から「バイタリティ」がほとんど確認できない場合	2点
「バイタリティ」がまったく確認できない場合	1点

同様に、それぞれの能力要件について点をつけてゆき、合計点を出します。

その際、評定基準を明確に決めておくことが重要です。

たとえば、

すべての能力要件の平均点が4点以上の人を合格とする
平均点は3・5以上。ただし、1つでも3点以下の能力要件があれば不合格

というようなボーダーラインです。

もし候補者が多く、1回の面接ですべての能力要件をチェックできないような場合は、1次面接で最も重要な要件、たとえば「バイタリティ」があるかどうかだけを判断し、バイタリティが4点以上の人だけを2次面接に残すという方法でもいいでしょう。何回かの面接を通して、最終的にすべての能力要件に対する得点を入れ、合格点をクリアしている人から順番に最終面接に残す、という方法をとることができます。

なお、ここでは能力要件を「バイタリティ」「イニシアティブ」「感受性」としました。しかし、これはあくまで例です。どのような能力要件を必要とするかは、企業によって、また部署によって、あるいはポストによって千差万別です。

ぜひ、あなたの会社の「オリジナルな評定表」を作ってみてください。

☑評定表が入社後の教育のベースになる

企業にとって優秀な人材を確保すること、それは採用が果たす役割です。一方で、仕事に対するスキルアップと人間的な成長を継続的に促す、それは教育部門の担う役割です。人材の活用には、この2つが両輪で、どちらが欠けても人材は「人在」で終わり、「人財」になり得ません。

ただし、教育も、ただやみくもに行えばいいというものでもなく、その社員の長所を伸ばし、短所を改善することが必要です。そのために、入社面接の際の「評定表」が役に立ちます。この表によって、その社員のどこが長所でどこが短所なのかということが、得点を見れば一目瞭然だからです。

「バイタリティ」はあるけれど、「リーダーシップ」が弱いなら、リーダーシップを伸ばすための教育を重点的に行ったり、後輩をつけて、指導させることでリーダーシップを育《はぐく》む環境をつくる、などなど——。採用時の評定表によって、このようなことが可能になります。

実は評定表は、外資系企業では入社後の社員のアセスメント（評価）に使用しているところもあります。外資系企業においては社員の持つ能力を客観的に把握し、評価しようという姿勢が強いからです。

あなたの会社でもこの評定表を活用してはいかがでしょうか。

☑ 面接時の注意点

ここで、面接の時気をつけなくてはならないポイントをお伝えしましょう。

面接で過去の行動を聞き出そうとしているうちに、候補者が語る表現に惑わされて、行動例として認められない情報を重要な情報だと勘違いしてしまうケースがあります。特に気をつけたいのが、次のような発言です。

①感情や意見

これは候補者の信念・判断・見解であって、行動に関する洞察については何も得られません。

（例）私はサークルのサブリーダーでしたが、リーダーを上回るような役割を果たしてきたつもりです。

（例）顧客の苦情処理は日本一だと自負しています。

②将来や仮定の発言

これは候補者が行動した事実ではなく、「すべきだ」と考えていることにすぎません。

（例）この会社に入社したら、いい営業成績を残せると思います。

（例）もし、私が上司の立場なら、顧客の信頼も得られますよ。

③曖昧な発言や説明

これは行動を集約した表現であることが多く、一般的すぎて参考になりません。

(例) 私がリーダーになってからは、だいたい争い事は収まったものです。

(例) 納期に間に合わないことはあまりなかったですね。

候補者の「～したい」「～しようと思う」という発言は要注意です。中途採用の場合、営業職ならセールス・テクニックについて上手に説明できる人がいますが、優れた営業担当者を採用したいなら、セールス・テクニックよりも、そのセールス・テクニックを実際に適用した行動を聞き、行動例を収集するようにしましょう。

☑面接は万能ではない

ここまで、能力要件をはかるために面接をいかに活用するかということについて、お話ししてきました。

しかし、候補者の資質を探るために、面接が万能かというと、決してそうではありません。第4章の最後でも少しふれましたが、面接よりも他の方法を用いたほうがよくわかる能力要件が存在します。

たとえば、「リーダーシップ」です。1対1の面接よりも、グループインタビューのような方法のほうがリーダーシップをみるためには有効です。

これは笑い話ですが、面接で「あなたは自分がリーダーシップがとれると思いますか?」という質問をしたら、ほとんどの候補者は「はい。リーダーシップには自信があります。サークルでサブリーダーを務めていましたから」などという威勢のよい答えが返ってくることがよくあります。

そこで、そのような答えをした人たちを一堂に集めて「では、みなさんでリーダーシップについて話し合ってください」と言った途端、誰も発言しなかったというのです!

リーダーシップだけではなく、分析力や決断力なども、面接では判断しにくい能力要件です。これらの能力要件を判断したい場合には、「リーダーシップ」の場合のようにグループでのディスカッションをする場を設定したり、あるいはインバスケット思考を用いるなど、面接以外の別の手法を用いることが必要になります。

候補者のどのような資質を見極めたいかを明確にしたうえで、これまでにご紹介した面接メソッドに付け加えて、求める資質を見抜く最も適切な方法をとるようにしてください。

☑ 採用活動を自社の発展に生かす

以上、いかによい人材を見抜き、獲得するかのメソッドをご紹介してきましたが、いかがでしょうか。

採用担当者が自社のために行う「**採用活動**」とは、**人材を「集める」こと、そして、自社の発展に必要な人材を「選び抜き」、入社に導く「動機づけ」を行うこと**です。

この中で、「**T&Aメソッド**」は、「**人材を選び抜く」ために役立つメソッドです。**

ここで最後に、メソッドのポイントを改めてまとめてみましょう。

①自社が欲しい人材に求める「能力要件」を、職種や新卒・中途ごとに定義し、経営者、採用関係者のあいだで共有する。

②「能力要件」を見抜くための情報収集に有効な、面接時の質問を設定する。この質問は候補者の過去を知るための科学的な行動質問である。
③面接では設定した質問を候補者全員に聞く。
④その答えから候補者の能力要件を点数化する。
⑤あらかじめ合格点を設定しておき、その合格点に達した候補者だけを最終面接に残す。
★最終面接になれば、あとは「候補者の中で、どの人と一緒に働きたいか」という好みで決めてよい。

このような流れになります。企業にとって一番大切な「人財」を採用するためには、このメソッドが最も有効であると胸を張って言えます。事実、企業名は明かせませんが、内外の有名企業に導入され、高い評価をいただいています。

ぜひ、みなさんの会社でこのメソッドをご活用いただき、よい人材を得ることで、さらに発展していかれますよう願っています。

コラム　T&Aメソッドによる面接を受けて～体験談～

株式会社アキタ　一般事務職　Fさん（女性）

私は機械部品の専門商社にいたのですが、リーマンショック以降、一定時間以上は残業代が支給されなくなり、サービス残業が常態化していました。上司に何度か相談したのですが改善されず、転職することにしました。

何社か受けた中で、アキタの面接はとても印象に残っています。他社の面接はだいたい15分から30分ぐらい。それなのに、アキタは1時間半もあったからです。ただ、圧迫面接のような雰囲気ではなく、自分の本質を見られているような気がしましたね。

面接の前には、「こんなことを聞かれるだろう」という質問、たとえば、志望動機とか、自分の長所・短所などの答えは考えていました。ところが、アキタの面接では、想定していた質問は一切されず、この準備はまったく役に立ちませんでした。何社か受けた中で、志望動機を聞かれなかった唯一の企業です。

質問は「前の会社に限らず、失敗した後に、具体的にどういうふうに動きましたか?」というように具体的な行動を聞かれ、「どうだったかな?」とその場で頭をフル回転させて、思い出しながら答えました。すごく内容が濃くて、突っ込んだ質問なので、とても疲れましたが、イヤな感じはなかったですね。むしろ、すごく真剣に聞いてくださっているということが伝わってきました。

　新卒の時もそうだったのですが、1次面接と2次面接では、面接官が上位職になっただけで、同じ質問をする会社が多いんです。アキタはそういう無駄なことが一切ありませんでした。むしろ、2次面接の段階で「一緒に働きたい」というようなことを言っていただき、合格通知もどこよりも早くいただきました。こういう一連の採用のプロセスを見ても、信用できる会社だと感じ、入社を決めました。

　入社してしばらく経ちますが、この判断は間違っていませんでした。他業種からの転職で少し不安もありましたが、周囲のみなさんにご指導いただきながら、一歩一歩確実に業務遂行できるよう、頑張っています。（談）

P.126の質問の答え

(1) Ⓒ行動質問
(2) Ⓒ行動質問
(3) Ⓑ誘導質問
(4) Ⓑ誘導質問
(5) Ⓒ行動質問
(6) Ⓑ誘導質問
(7) Ⓐ仮想質問
(8) Ⓐ仮想質問
(9) Ⓐ仮想質問
(10) Ⓐ仮想質問

帯裏面の答え――(2)

第6章

採用のプロが明かす本音

スペシャル座談会

採用は企業の命運を握る最大の投資である

流通大手のイオングループと、情報や人材サービスを中心に多彩な事業を展開するリクルート。グループの創生・発展期に人事・採用を担当し、現在のグループの礎を築いた東海友和さんと小畑重和さんをお招きし、採用という「人」に関わる仕事の難しさと醍醐味について伺いました。

小《お》畑《ばた》 重《しげ》和《かず》

1959年、京都市生まれ。1982年、株式会社日本リクルートセンター（現・リクルート）に入社。創業者の故・江副浩正氏の信任厚く、人事採用担当として高度成長期のリクルートを支える。1988年には1000名超の新卒採用を果たし、リクルート事件が発覚した中、翌年も850名以上の採用に成功する。2001年、リクルートエージェントに移り、社内で「i-Company」を開校、校長に就任。2007年より同社の採用担当部長も兼任。2010年にフリーになり、株式会社リージョナルスタイル顧問、株式会社トランセンドＡＨＲＰ事業スーパーバイザー、株式会社桜リクルート社（マレーシア）アドバイザーなどを務める。「採用の神さま」の異名を取る。著書に『「アイ・カンパニー」の時代』（中央公論新書／共著）『業界No.1エージェントが教える 転職メソッド』（新星出版社／共著）。

1946年、三重県津市生まれ、1964年、株式会社岡田屋（現・イオン株式会社）に入社。岡田卓也名誉会長の実姉で人事の責任者であった小嶋千鶴子氏のもとで、地区本部教育課長を皮切りに、信州ジャスコ人事部長、ジャスコ本社の人事課長、教育課長などを務める。留学を終えて帰国したイオングループ現ＣＥＯの岡田元也氏を面接した人物。地区本部総務部長、関連会社新規事業部長、店舗開発部長、経営監査などの職務を歴任。2005年、財団法人岡田文化財団事務局長兼美術館運営責任者となる。現在、株式会社東和コンサルティング代表取締役。著書に『イオン 人本主義の成長経営哲学』（ソニー・マガジンズ）。

東《とう》海《かい》 友《とも》和《かず》

聞き手――山﨑 俊明

「来る人」ではなく「欲しい人」を探しに行く採用

山﨑　お2人がジャスコ、リクルートの人事部で活躍されていた頃は、今のような就活サイトが入口の採用活動とは全然違ったのでしょうね？

東海さん（以下敬称略）　私が人事を担当していたのは、ジャスコの創生期です。大阪のシロ、兵庫県のフタギという会社と三重県の岡田屋が合併してジャスコ（※1）という会社が誕生したのですが、合併して一番の資産は、基本的に人なんです。貸借対照表には載らないけれど、人という資産が一挙に増えるわけですから、採用というよりも、その人たちをどういうふうに活用したらいいのか、こちらのほうがウエートが高かったように思います。

山﨑　その当時の採用基準はどのようなものだったのでしょうか？

東海　基準はあまり定かではなかったと思います。当時の社長・岡田卓也さんの実姉で、ジャスコの人事の責任者であった小嶋千鶴子という取締役がおりまして、小嶋さんは「誰が採用担当者に向いているのか」ということをうるさく言いました。「誰が採用やってるの？」と聞かれて「Aさんがやってます」と答えると、「あんなのに採用させたらあかん」と（笑）。面接、採用する、もっと広くいうと、人事を誰にするかというのが、小嶋さんの一番の眼目だったという気がします。

山﨑　小畑さんは、リクルート事件（※2）が発覚した当時、採用を担当していらしたそうですが。

小畑さん（以下敬称略）　はい。1988年の新卒入社は1030人ぐらい。翌89年は1500人ぐらい採ろうと江副さん（※3）が言っていまして、「そんなに採るの？」と言っていた頃に事件が起きたんです。88年の6月に『朝日新聞』に報道されて、89年の2月に江副さんが逮捕されるんですよ。

当時、夏の終わり頃が内定解禁だったと思うのですが、その前にみんな採用活動をしてたんです。うちはその段階で900人ぐらいはおさえていたんですが、ちょうどその頃に事件が起こって。でも、89年は850人ぐらいは入社してくれました。

山﨑　それはすごいですね。

小畑　社内的には、お客さんのところに行けば「うちにも株くれよ」なんて嫌みを言われたり、世間からはバッシングを受けて逆風感がありました。うちの実家にも学生の親御さんから「おまえのところの息子がうちの息子を騙そうとしてる。火をつけに行くから住所を教えろ！」なんて抗議の電話もかかってきて、うちの母親は「住所は教えられません」なんて答えたそうです（笑）。もちろん、学生は心配して「大丈夫ですか？」と私に聞く。大丈夫かどうかは私もわからないけれど、「うん、大丈夫やと思うで」と言うと「そうですね！」と納得してくれて（笑）。

山﨑　結局、50人しか辞退者が出なかったんですか？

小畑　「親がいろいろ言うんで」という学生も多かったので、親御さんを集めて説明会も開催しましたね。

ただ、リクルートの社員は「自分たちの事業には意味があるんだ」と思っていましたし、採用に関しても、うちの会社のことで（学生に）伝えていることにブレはないんだということで、学生も納得して850人来てくれました。だから僕はあまり苦労したとは思っていないんです。

山﨑　入社の動機づけは「大丈夫」と言い続けたことだと？

小畑　私が入社した頃は、日本リクルートセンターという会社で、誰も知らない。「何それ？」みたいな。だからほっておいても人が集まるわけじゃなかった。もちろん来てくれる人もいるんですけど、私は「来る人から採るな！」とずっと言われていたんです。

「リクルートに来たい人の中から採るんじゃなくて、欲しい人を探しに行け！」と。

だからまず、おもしろそうな学生を探すところから始めるんです。

山﨑　どういう人を探されたんですか？

小畑　もともとリクルートに興味を持っていない「商社か銀行に行きたい」「マスコミに行きたい」というような人の中で、おもしろそうな人はいないかなと探しに行って、リクルートに興味のない人に「行きます」と言わせる（笑）。それが800人、900人いたんですよ。

山﨑　江副さんは、欲しい人材を明確に指示されていたんですか？

小畑　「自分より優秀な人を採用してほしい」と言われるんですよ（笑）。とにかく「ええ人」を。採用における要求レベルはものすごく高かったんですけれども、それが言語化されているとか、紙に書いて「こんな人」というのはなかったですね。

東海　常々、小嶋さんは「人事の仕事というのは、会社の発展力の確保」ということを命題として持っていました。企業が発展していくために必要なものは何かというと、人材です。ただ「保守的な人間はダメだ」と、これをはっきり言っていました。だから、大卒で将来の幹部になっていく人については、変化に対応できる人間とか、あるいは自分で創造できる人間を採りなさいと。

小嶋さんは「採用というのは本質的な質の選別」と明言していました。本質的とは、結局、生い立ちなんですね。これは難しい。なかなか聞けない話なんです。けれども、幼少期における行動歴というか、どういう状況で育ったのかというのを見抜くというか、聞き出すというか……。

山﨑　小畑さんがおっしゃることと、よく似ていますね。

小畑　ああ、「地方・阿呆・貧乏」ですね（笑）。

東海　そうなんですか。確かに、小嶋さんは「苦労した人」ってはっきり言ってましたね。当時は、銀行なんかはひとり親の人は採らなかったんですね。けど、岡田屋時代から小嶋さんはむしろひとり親の人を採りました。

それから、三重県（出身）の人だけではなく、北海道から九州から、全国の人を採った。なぜかと言うと、将来のチェーンストア展開を視野に入れていたからです。それに長男は採らない。家を継がないといけないということで、次男、三男を採っていました。今は探すのが大変ですけど、当時はまだおりましたから。

小畑　ああ、わかります。大きな声では言えないんですけど、当時、リクルートの中では、（採りたい人の基準として）「地方・阿呆・貧乏」とささやいてまして（笑）。

専門知識とかじゃなくて、私はアイ・カンパニー（※4）の校長もやっておりましたが、ポータブル・スキル（※5）的なものとか、仕事へのスタンス的なものとか、その人の土台にあるものを見ている。前向きな人とか、地頭力というか、論理的な思考のある人がいいとか。

さらにリクルートに来る人というのは、もともと商社に行きたいという人が少なくありませんでした。でも、よくよく「商社に行って何がしたかったんだろうか？」と考えると、「ひょっとして自分は何かおもしろいこと、新しいことがしたかったんじゃないかな」ということに気づく。リクルートセンターって、今は何もないけれど、自分で何か創っていけるかもしれない、と。ある意味、そういう考えを柔軟に変化できる人を採っていた。

つまり、自分の中で、商社を志望した理由や概念はそのままでも、やりたかったことが変容していける地頭力と変化力のある人を採っていたと思うんです。この変化力のある部分を、表現は悪いけど「阿呆」と呼んでいたんですね。「小畑さん、それだったら、商社じゃなくてリクルートでもできそうですね」と言ってくる人がいいわけです。

東海　ジャスコの「保守的じゃない人」というのと同じです。

小畑　アップルのスティーブ・ジョブズがスタンフォード大学の卒業式で「Stay hungry. Stay foolish.（ハングリーであれ！　愚かであれ！）」とスピーチしましたね。

これを聞いた瞬間に「うちの『地方・阿呆・貧乏』と同じや！」と思いましたから（笑）。

企業のトップは「採用の難しさ」を知っている

山﨑　小畑さんは、どうやって学生をスカウトしていらしたんですか？

小畑　１９８８年、89年当時、１０００人ぐらい採用する時は、４万人ぐらい学生に会っていたんです。４万人ぐらいの中からおもしろそうな人を３０００人ぐらい探し出して。リクルートに行きたくないと思っている人と半年ぐらいつき合うんです。だから接点はすごく持っていましたね。

山﨑　今は就活サイトからエントリーしてきた人の中から採用していますよね。

小畑　うちはガサッと人が来てくれるような会社じゃなかったから、自分から探しに行きましたね。

山﨑　マイナビやリクナビでエントリーしてきた人の中から、必要な人数を採用する。

そもそも、その中にいい人がいるかいないかも明確にできていない。東海さんや小畑さんは「いい人かどうか」の目利きができたと思うのですが、今はできない人が多くなっています。
むしろ、自分の判断で採用したくないと言う。なぜかと言うと、自分の判断で採用した人が人生を誤ってしまったら自分の責任になる。ましてや（自分が）採用した人間がトラブルや事件を起こしたら、自分の責任を問われる。だから「T＆Aメソッド」を入れたいと（笑）。

小畑　採用担当者が一番うっとうしいと思うのは「誰が採ったんや、この社員！」と言われること、と言う人がいますけど、「誰が採ったんだ？」と言われたら「私が採りました」と言えばいい。その担当者に（採用を）任せたわけですから。
東海さんがおっしゃったように「誰に採用を任せるのか」ということが経営者の最大のポイントなんだから、もし、気に入らないのなら、採用担当者を替えればいいんです。だから、遠慮なく「私が採りました」と言えばいいんですよ。

東海　ジャスコでも「誰が採用したんや！」と日常的に言われていましたね。何か不祥事が起こると、小嶋さんに呼ばれて「（社員の）ファイルを持っといで」と言われ、「誰が採用したの、この社員」と聞かれるので、「面接はAとBですわ」と答えると「やっぱり、あいつはあかん」と採用担当の評価をしていましたね。それで処罰されるとかいうことはないんですけど、「〇〇は見る目がないな」と。

山﨑　東海さんは小嶋さんのお眼鏡に適《かな》ったから、長く人事を担当されていたわけですね。

東海　いえ、それはわかりません。おもしろい話があって、ある時、本社に警察から電話がかかってきたんです。ジャスコの元社員という男が窃盗で捕まったと。それで小嶋さんが「誰が面接したんや。ファイルを持ってきて！」と言うので、ファイルを見せたら、小嶋さんが黙るんです。それで私が「小嶋さん、誰でした？」と聞いたら「私や」と。それでポツリと、「採用は難しいなあ」と（笑）。

山﨑　採用の難しさをよく知っていらしたんですね。

東海　「誰々君が採ったんやったらしかたがない。それでも失敗したんか」と。

今はそんなことはないですし、そんなやり方は認められないですけど、当時は採用担当者に対するウエートが大きかったですね。

小畑　私も採用か否かを最後に決めていい立場にはありました。「この要件で採れ」と言われたわけじゃなく、何百人も「ええ人を採れよ」と言われていただけですが。

採用担当には最も優秀な人材を抜擢する

小畑　江副さんは「採用には一番優秀な人を配属しなさい」とよく言われていましたけど、何が一番いいのかわからない（笑）。まあ、その年の一番よさげな人を置いてました。

一番優秀な人を置くべきだということは、採用の重要性を認識していたということでしょうね。

山﨑　強い会社、伸びている会社というのは、採用担当者にトップセールスとか、ピカピカに光っている人を置いている。でも、総務部だけあって、人事部がないような会社もありますね。

東海　若手の優秀な人を採用部門に入れて、その人たちが学校まわりをしたりしました。ジャスコでも、採用の直接の担当者は、いい人を入れていました。そういう人たちの実際の話を聞いて、影響されて入ってくる学生がけっこう多かったです。

できたばかりの会社でしたし、「ジャスコって何？」と言われていた時代。スーパーって、スーッと出てきてパーッと消えると思われていましたから（笑）。

山﨑　お2人とも、今のイオン、今のリクルートに入ってくる人とは違うところの苦労をされたのでしょうね。

小畑　どうですかね。私は2007年、2008年あたりにリクルートエージェントの採用部長に何年かぶりに復帰しましたけれど、以前と同じように「来る人から採るな、探しに行け」と言ってやっていましたよ。大学3年生の夏休み前ぐらいにリクルートエージェントの仕事とはまったく関係ないインターンみたいなことをやって、また、興味なさそうな人を集めるということをしていましたから。今でもやっているところはやっているという気がしますね。

山崎　企業の規模が大きくなればなるほど、そういうところが少なくなっていくような気がするのですが。

小畑　私が採用部長に復帰する前、学生面接とかに役員と一緒に入ったりすると、その役員は「あの子（学生）はダメですよ。人材ビジネスがわかってない。うちはそれがメインの事業なんだから」って言う。

学生がそんなことわかるわけないじゃないですか。逆に、学生がそんなことわかっていたら気持ち悪い。なのにそれを判断基準にしている。「やっぱり人材ビジネスに心から興味ある人じゃないと、つらい時に辞める」と。それはビジネスを理解してないから辞めるんじゃなくて、あんたのマネジメントが悪いから辞めるんだという話で（笑）。

そういうふうに、事業をしっかり理解しているかどうかとか、そういうことを判断基準にしている。大きな会社になってくると、人事採用はそっちのほうに流れがちなんです。

リーマンショック以降、私が辞めて、それから2年ぐらい経った時に、リクルートエージェントの中で採用担当者の数がぐっと減ったんです。そして「なぜあんなに採用担当者が必要だったのか、わからない」というような発言を役員がしていると聞きました。

山﨑　小畑さんとは逆のタイプですね。

小畑　その時代はどんな採用をしていたかというと、新卒でも中途でも、内定後、辞退したという人が出ますよね。

たまたま私の知り合いが受けていて、辞退したんですよ。それを聞いたから、担当者に「辞退したらしいけど、なんで辞退したん?」と言うと「いや、わからないです」と。「普通、辞退と言われたら『ちょっと待って』『なんで?　何があったん?』と聞くでしょう」と言うと、「聞いてる暇ないです」と答えるんです。「辞退率がだいたい3割ぐらいなら、良好な部類なんで、今の流れでいいと思うんですよ。一人ひとりに会ってる時間はないんですよ」と。こんな採用なんです。

あるいは最終面接の時に、採用担当者は同席しないんです。これじゃ絶対に人は口説けない。私がやっていた時は、採用担当者は最終面接に同席して、「きみ、内定だよ。一緒にやろうよ」と意思決定させるところまでやる。意思決定させるためには面接で同席していなければ、彼・彼女のどこが良かったのかが共有できないので、必ず面接に採用担当者がひとりは入らなければいけない。

そうなると、人手がかかるわけですよ。人手がかかるからこそ、しっかりと見極められたり、意思決定させたり、ある種の熱意とか持って入社してくるんです。なのに、非常に機械的な採用をやりだす。大手になってくると「もっと少ない人数で採用できますよ」という人が人事部長とかになる。

山﨑　なるほど。

小畑　確かに、有名な会社になってきて、来た人の中から選んで、3割の辞退率でやっていくということを決めれば、少ない人数でできるかもしれないけど、こんな採用をしていると、事件などが起こるとみんな辞退すると思いますね。

山﨑　学生さんたちは、人事の人を通して会社の人たちを見ますからね。小畑さんのように密なコミュニケーションを取ってくれる人にひかれて入ってくる。だから、機械的な採用をしようとする人は人事には向かないでしょう？

小畑　人事に向く向かないというよりも、会社の方針ですからね。会社がそういうような考え方で採用しようとするかどうかですね。

山﨑　とはいえ、イオンもリクルートも、お2人のように採用に注力されたから、ここまでの企業に成長したわけですよね。

　ところで、いろいろな会社を見ていると、採用基準なんか作るのは時期尚早だというところがあるのですが、私はそれは違うと思うんです。小さい会社の時こそいい人を集めないと、大きな会社になれない。そこの努力をしないで、小さい会社だから人事部を作っていないところがあるんです。じゃあ、大きい会社だったら、予算があるから人事部も大きくするかというと、先ほどの小畑さんのお話のように、人を減らしたりする。そういうのはどう感じられますか？

小畑　やっぱり効率を重視する一派というのは世の中にいるじゃないですか。生産性を重視するとか。そういうことを言う人は理に適っているという、評価される風潮が、20年ほど前よりは今のほうが強い気がしますね。

山﨑　でも、小さい会社ほど、いい会社を創るとか、いい商品を作る前に、いい人を採ってからスタートだと思うんです。

小畑　そういう会社もあると思いますよ。すごくいい採用をしているとか、おもしろいことをしている会社もある。

山﨑　そういう会社は伸びてますよね。

小畑　そういうところは「経営者の仕事は採用だ」と経営者自らおっしゃいますよね。残念ながら、その社長が任せられる採用担当者がいないというケースは多いですね。

山﨑　人事よりも経営者のほうがそのあたりは敏感ですね。

イオンとリクルートの企業風土

山﨑　お2人がいらした頃の、イオンとリクルートの企業風土は、どんな感じだったのですか?

東海　企業風土かどうかわかりませんけれど、イオンは人間尊重の風土があるんです。これは、ともすれば生産性が甘くなる部分があります。長く言われてきた当時のジャスコの弱点でもあります。あまり大きな人間関係上の問題が起きたことがない。合併してきた会社なんですけれど、非常にスムーズに来た。イオンは昔から、採用担当者も含めて親切と言われます。これはある意味で美点なのかもしれません。学生さんでも中途採用の人でも、「きちんと親切に対応してくれた」と言ってくれます。

ところが、私、今、コンサルタントの仕事をしていまして、小さな会社に行きますと、面接官が横柄なんです。「採ってやる」みたいな、上から目線でやってるんです。こんなの絶対ダメだって私たちは言うんですけどね。「この人たち気がついてないんやなあ」と。そういう会社はダメな会社です。

それから、面接できちんと話を聞いていないですね。

山崎 それは受けるほうにしたら、圧迫面接と感じるんでしょうね。集まった中から「選ぶ」と思っている会社はそうなんでしょうね。

東海 採用担当者が「採用してやっている」という感じ。

山崎 先ほど小畑さんがおっしゃったように、「いい人を採りに行く」というスタンスでないことは確かでしょうね。

小畑 リクルートは、80年代からバブル崩壊までは、自己申告制度もあり、やりたいことがあったら手を挙げるという風土はありましたね。

東海 イオンも一緒ですね。今は知りませんが。その当時から伝統的に自己申告なんです。

実は、これは人事にとっては大変つらいんです。公募とか異動とか、自己申告すると、これを叶えないといけない。叶えないと自己申告は成立しなくなる。これには膨大な手間がかかります。実家の親が病気だから地元に帰りたいという希望があれば、それを叶えてあげないといけない。それが人事の一番重要なポイントなんです。もし、すぐに叶えられなくても、「すぐは無理だけど、何とかするからちょっと待って」と電話していましたよ。すると社員は「あ、（希望を）聞いてくれているんだ」と。

小畑　リクルートはもう、フェーズが変わったと思います。江副さん時代は「自分たちが何か作っていくというよりは、M&A中心に拡大していく。自分で新しいことをやらなあかん。人がやっていないことをやらないと儲からない」という、誰もやっていないことをやるという思想で自前主義的なところもありました。今、自前なんていうと、1000億、2000億の売上なんか上がらない。そういう時期に入ったので、採用も「何かおもしろそうな人」というのではなくて、「こういうことができる人」というのに変わりつつあると思っているんです。

東海　そういうのはイオンも一緒です。ほんとにそうなんです。

私たちの時代は、ある意味、自前主義。小畑さんがおっしゃるように「おもろい人はおらんか」と。

おもしろい人物といえば、こんな人がいました。キュウリにすが入るでしょ？　これだけを大学で4年間研究してた人がいるわけです。「おもしろいから採れ」と。今はそういうことはしないと思いますけれど、当時はそういう個性のある人を採りました。

面接で人を見抜くには「ひたすら聞く」

山﨑　東海さんのところでは、面接のためのトレーニングもされていたとか?

東海　当時、東京家政大学の金平文二さんという先生がおりまして、面接に詳しい方で。要は「はい、いいえ」で終わる質問ではダメなんですね。積極的傾聴法というか、聞き出す訓練をその当時やりました。

小畑　私は1982年入社なんですけれども、85年入社でK君というのがいたんです。彼をどうやって採用したかという話ですが、彼は京大の理系の学生で、細かいことをよく知っているんです。当時1984年ぐらいに「木屋町（京都の歓楽街）あたりのクラビングって知ってます?」とか、聞くんです。そんなの知りません（笑）。「何、教えて」とか聞いていると、そのうち「そこまで言われたら、僕、リクルートに行きます」って言うんです。私は何も言ってないんですが（笑）。

想像するに、うっとうしいから、誰もK君の話を聞いてやってないと思うんです。で、私が話を聞くのが彼にとっては気持ち良かったんじゃないかと。私は単におもしろかったから聞いていただけなんですけれど。聞くということは、そういう力があるんですね。

山﨑　人を見抜くということは、聞くということなんですね。それなのに、ほとんどの採用担当者はたぶん喋りっぱなし。

小畑　採用担当でもそういう人はいますね。面接の前に「ガンガンにインプットしてきましたわ」と（笑）。まだインプットするなと。まずはそういう快感に浸っている人がいますね。

東海　私が人事課長をしていた頃、小嶋さんが本部長で、人事部長がいました。面接する時、この人事部長が自分のことばっかり喋っているわけ。すると、小嶋さんが面接の時に机を叩いて、「○○部長、喋りすぎ！」と。怖い（笑）。小嶋さんは怖い人でしたから。面接されてる人も飛び上がる（笑）。

喋ってばかりで聞こうとしないんですね。だから、辛抱強く聞く訓練もしました。

小畑　確かに、難しいといえば難しいですね。当時、私たちも研修で、人と話しているところをビデオで撮るというのもやっていましたけど。見ると、自分でも（自分のことを）「わあ、イヤな奴」という気がしますし、相手の話がまだ終わりきっていないのに、もう話を始めている。次に何を言うか準備しているのがミエミエで、前のめりになっている。やっぱり客観的に見ると、いやらしい攻め方していることがわかりますけどね。

山崎　面接のスキルは大切ですね。

東海　それは必要です。

山崎　ビデオで撮影したりすることで、面接のスキルはアップしますか？

小畑　それは絶対アップしますね。客観的に見るのは大切ですから。

東海　周辺事実ばっかり、履歴書をなぞって聞いている人がいますから。中核の話に行かない。聞き出そうとしないというか。

小畑　履歴書に書いてあるのに。

東海　そんなもの確認してもしょうがないですね。住所なんか（笑）。

山崎　ありがちですよね（笑）。小畑さんは何を聞かれていたんですか？

小畑　何を聞くということはないですけれども、「ほかに志望している会社は、どうしてそこを選んだの？」とか、その人の考え方とか、価値観であるとか、行動したことか、そういうことを聞いていたんだと思います。

東海　人事として人を知るというのは、過去に何をしてきたかということを知って、今は何をしているか、そして将来は何をしたいか、というこの3つを頭に描いている人ですね。

「今」というのはわかりますね。将来のことをあまり聞くと、口の上手な人は「私はこんなことをやりたいんです」と言う。「企画をやりたいんです」「バイヤーをやりたいんです」と。それはそれでいいんです。

でも、過去というのは変えられないから。これは時間を割いてきちんと聞きましたけどね。上手に聞けたかどうかはわかりませんよ。将来の話はごまかせますから。

山﨑　お2人の共通点は、それを感覚的にご自身で体験されているんですね。私のように外資系で育って、「こうしないと人は見抜けない」と学んできたのを、感覚的にされているというのがお2人のすごいところだと思いますね。だから人事の担当を長い間任されていらしたんでしょうね。

小畑　私が講演した時のレジュメで、採用の課題というのは、「どのようにして見つけるのか？」「どんな人を採るのか？」「どのように意思決定してもらうのか？」と。

山﨑さんが言われるように、「どのようにして見つけるのか？」をサービスしている会社が多い。山﨑さんは「どんな人を採るのか？」のところですよね。

山﨑　入社したい人を採る傾向が、大手企業は多いですね。来たくない人は採らなくていいと。だから、ほぼ90％以上の学生が練習するのは志望動機なんです。志望動機はそらで言えて、暗唱してものすごく立派。志望動機は「入りたい」という熱意を伝えます。

でも、東海さんや小畑さんは、入りたい人を採るのではなくて、いい人を採るということですよね。

小畑　「なぜ採用するのか」といえば、「人が事業を創る」ということ。「どんな採用をするのか?」といえば「来たい人ではなく、欲しい人を採りに行く」。ここがベースにあったんだと思うんですよね。

それと、採用にどれぐらいマンパワーとコストをかけるんですかということですけれど、当時は「最大の投資だ」という考え方で、だから「投資って、たまに失敗するやん?」って（笑）。経費とは違う。

山﨑　おっしゃる通り、経費と投資は違いますもんね。

小畑　人は大化けする可能性がありますからね。

経営者と採用担当者の人材観の違い

山﨑　私は、企業は採用基準を明確にして、その基準に合った人を見抜くメソッドを導入することをおすすめしているわけですが、お2人は私がメソッドとしていることを、経験則でおやりになっていた。そこがすごいなあと思います。

東海　一つの理由はね、私に能力があるなしにかかわらず、経営者に近い場所にいたということだと思います。創業者とか経営者は基本的にそういう目を持っている。「うちの会社で役に立つ人間はどういう人間か」ということを知っているんです。明文化も指示もしないけれど、本人はわかっている。そればかり考えているからです。「会社に役に立つ人間は?」「会社に役に立つことはないか?」と目を皿のようにして見ている。私たちはその近くにいたから、何とかなったと思うんです。

山﨑　トップとの距離は重要ですね。

東海　そうなんです。トップは常に人をどう動かすかを真剣に考えている。大きな企業になると、トップと採用担当者の間にズレがある。それならトップに聞けばいいのですが、一採用部長ではなかなか聞きに行けない。

採用担当者は「社長、どんな人が欲しいんですか?」と聞きに行ったらいいと思いますよ。それと、企業は大きくなると、物理的に管理限界というか、マネジメントの限界を超えている。人も多いし、部署も細切れになっているから、丸ごとわからない。そういう意味では寂しいですね。

山﨑　小畑さんは、江副さんとはどうだったんですか？

小畑　江副さんからだけ指示があった、というわけではないです。最初、新人の頃は採用のことなんてわからないじゃないですか。だから、大阪の支社長だとか、東京から来た人事部長だとか、先輩たちと一緒に、ある学生に対して、それぞれの人たちが○、△、×みたいなのをつけて、それのすり合わせというのをしょっちゅうやっていました。

山﨑　誰かひとりが決めるということではなく、みんなで決めていくと。

小畑　入った頃はそういうかたちでみんなでやっていましたが、87、88年ぐらいはもうそんな余裕はなかったですね。最終的には、私が決めてしまっていた気がします。

山﨑　今は、特にオーナー企業なんかは、人事は人を連れてくるところまでで、最終的な採用・不採用はオーナーに決めてもらう。オーナーの顔色を見ながら採用していますよね。

私は「この人はこの能力が足りなくて、けど、ここの部分はこうで」と「なぜ採ったか」ということを5秒で述べろと言われれば、言える。オーナーはそれを言って欲しいと思うんですね。そういうことを言える採用担当者が少ないのも事実ですね。

東海　小嶋さんは中庸みたいなことを嫌ったんです。「きみの意見は？」と聞いて

「こういう理由で不採用にしたんです」ということをきちんと言えないと「きみはいらんやないか」と。

そういえば、こんなことがありました。採用課長がいて、小嶋さんの知人が面接に来たんです。でも、落としたんです。小嶋さんが「なんで落としたか言うてください」と。課長が理由を言うと、小嶋さんは「そうか、きみがそう思うのやったらそうしょう」と。それはね、採用課長としてはすごい信頼を受けたということでしょ？ また、不採用にしたほうも偉いですけどね。普通ならおもんぱかりますよね。

山﨑 東海さん、イオンの今の社長、岡田元也さんを面接されたんですよね？

東海 ええ。無理やりにね。

山﨑 無理やりなんですか？

東海 それは前段階の話がありましてね。今の社長がアメリカの大学院に行ってたんです。で、9月に帰って来て、11月ぐらいだったかな。私が人事にいたら、当時の社長であるお父さん（岡田卓也氏）から電話がかかってきて、「息子の話は聞いてるか？」と言うんですよ。「聞いていません」と答えると、「2ヶ月前に言うたんやけどな」と。私の上司で、のちに九州ジャスコの社長になるKさんという人事本部長がおりまして、この人は小嶋さんの一番の弟子なんです。社長は、Kさんに「うちの息子を面接してくれ」と言ったそうなんです。

それは初耳だったので、Kさんに聞いたら、「同族は採らないというのが岡田屋の主義と違うんか。そんな者をおれが採るわけないやろ」と。えらい人ですよ（笑）。けど、そういうわけにもいかんでしょうと言うと、「いかんと思うのやったら、きみがやればいい」と。それで私が面接を担当することになったんです。もちろん元也氏はしっかりしていたので問題はなかったのですが。「親が社長だから余計に苦労するぞ！」という話から始めましたけどね（笑）。

山崎　すごい！

東海　卓也さんは厳しかったですね。今の社長の立派さは、その指導の成果でしょうね。

山崎　そういういきさつがあったとは。

東海　ひどい上司でしょう。「おまえが面接やれ」なんて（笑）。

採用における失敗

山崎　リクルートは、人材輩出企業と言われていますが。

小畑　江副さんが辞められてバブル崩壊後、新卒を採用しなくなったんですよ。それで採用に携わっていた連中がちりぢりバラバラになり、次の次の社長の時代に、借金を返さないといけないということで、効率主義で暗黒の時代に。そこからリクルートの雰囲気も変わりました。

山﨑　その頃、小畑さんはどこにいらしたのですか？

小畑　ダイエーの傘下に入ったので、ダイエーに「リクルートを買って良かった」と思ってもらえるような活動をする部隊にいました。でも、ここは結構楽しかったんです。効率うんぬんではなく、情報業と流通業と融合して何かできないかを探るチームでしたので。リクルートとは全く違う環境でした。

ただ、この時代に教育改革の藤原和博さんであるとか、この時に辞めた人たちが活躍したので、リクルートは人材輩出企業と言われたんです。

山﨑　その方たちは、リクルートがそのまま思うような方向に行っていたら、辞めることはなかったでしょうか？

小畑　わからないですね。バブルがはじけて、借金があって、新しいことをどんどんやっていこうというのはなくなって、それが窮屈で辞めた人は多かったと思います。私はたまたま新規事業のような、違う雰囲気のところにいたので（笑）。

山﨑　それは何年ぐらいですか?

小畑　7年ぐらいですね。

山﨑　「あんな採用しなければよかったな」と思われたことはありますか?

小畑　ないですね。もう忘れてるのかもしれないですけれど、今の記憶ではないです。

山﨑　東海さんは?

東海　ジャスコに合併した当時は社員の年代が若かったんです。社会経験が豊かな層というのがいなかった。それで、新聞広告を出して中途採用をしました。生命保険会社で支店長とか支社長をやっていたとか、銀行でやっていたとかいう層です。うちで経験値を持っていない職種の人たちですよね。

ところが、これがことごとく失敗しました。

山﨑　どうして失敗したのですか?

東海　結局、見る目がなかった。おっしゃるように基準がなかったわけですよ。中途採用は難しかったですね。

その時の小嶋さんの言葉が「東海君。欲しい時に採ったらあかんな」と。欲しいから採るという前提で募集している。小売業にない文化の人たちが来るわけですから、物珍しい。結局、高く評価してしまうんでしょう。やっぱりきちんと計画的に採って育てていかないといけないなあと。こういう異文化を受け入れる免疫が当時はまだなかった。

これは企業が発展していく中で、一度は感染しないと免疫がつかない。その後は、その経験があったのでうまくなりましたけど、最初は大失敗でした。

山﨑 小畑さんは？

小畑 中途はないですけど、新卒でもちょっと優秀すぎて、入ったところの部署の上司の手に負えないというケースはありました。それで合わずに辞めていくという。

でも、せっかく入ってくれた人には悪いですけど、何年間か続けていくうちに、多少会社がいい人をどんどん採っていこうとするうちには、どこかで血を流す時期があるのかな、という気がしないでもないんです。東海さんのケースとはまた違うかもしれませんが、そういう人を入れて、辞めていかれたけれども、その結果、入って辞められたからこそ、会社に採用の経験値が生まれたというか……。

東海 そうそう。

山﨑 新卒と中途という違いについてはどう考えられますか？

東海 バランスの問題ですね。やっぱり基本はきちんと新卒を育てていくというベースがあって、中途も入れていかないと活力を失いますから。組織というのは、同質の自分たちだけでやっていると、どうしても活力が落ちますし、上手に中途も入れていかないといけないんでしょうが、体力がない時に多く入れると、先ほどの話になっちゃうわけです。自社の文化まで狂ってしまいますから。

小さな会社でも、毎年、きちんと新卒を採っている会社だと、中途で入ってきてもうまくいくと思いますが、ベースがないと。比率の問題です。そこをわきまえていかないと。

山﨑　毎年、新卒を採り続けることは重要ですね。

東海　賛成です。イオンも業績が悪かった時、2~3年、採用を控えたんです。そうすると、職場で断層ができるんです。やっぱり新しい血を迎えるというのは、一人っ子に妹ができるとお姉ちゃんになるみたいなことがありますから。

山﨑　小畑さんはUターン・Iターンの転職支援の会社の顧問もされていますが、地方はどうなんでしょうか?

小畑　アジアで闘う人も必要ですけれど、地元や地方で頑張る人も必要だとつくづく思います。人がいればもっと伸びるのに、という会社は地方にはいっぱいありますからね。

山﨑　小畑さんの時代は、内定を出してから入社するまでけっこう時間があるじゃないですか。結局、そこのあいだのグリップ力なんですよね。「入社したい！」と学生のハートをわしづかみにできているかどうか。

いろいろな企業があって、わしづかみできていない企業は、わしづかみしていいのかどうか躊躇している。もしくは他人事《ひとごと》。10人でも100人でも、来る人の中から採ればいいという会社と、10人でも「こういう人が欲しいんだ」と採ってくる会社。基準がなくて採用できないのか、やる気がなくて採用できないのかというところはありますけどね。

小畑　新人の頃は、「うちに来ないか」と言うのがすごく怖かったです。「一緒にやろう」と言い切るのが。やっぱりそれは勇気がいる作業だと思うんですよ。

山崎　それがどこで言えるように変わったんですか？

小畑　仕事ですから、どこかで言わないといけないんですよ。「どうしよう、どうしよう」と思いながらも。「一緒にやりましょう」という成功体験的なものが増えてきて、責任背負い込むかもしれない雰囲気ってあるじゃないですか。

でも、1年目、2年目、3年目と、だんだん自分と会社が一体化してくるような雰囲気がありました。「自分が会社を創るんだ」というような。

山崎　やっぱりその感覚なんでしょうね。「自分が会社を創る」という。

小畑　だから、ものすごいエネルギーを使って意思決定していますよね。「この人と一緒にやろう」と。そんな記憶があります。

東海　そのものズバリですね。そういう責任感のある人が採用をやらないと。

山﨑　採用っておもしろいのが、面接も何もせずに「来てくれ」と言うと、相手は来ないんですよ。「選ばれた感」が欲しいんです。「俺って選ばれたんだよね」というところがあって、「きみが欲しいんだ」と言われて。選ばれ方は何かというと「自分のことをよく聞いてくれた」という。そこなんですよ。客観的にみたら「あなたがたが選んでるんだよ」なんだけど、本人は選ばれた感が植え付けられている。

小畑　今は判断を迫らない会社も多いですよね。本人に決めてもらう。「2週間後までに返事をください。あなたが決めないといけないから」と言ったほうが学生は「いい会社だな」というふうに取るみたいですね。

人材の潜在能力を見抜くことは可能か？

山﨑　人の潜在能力を見抜くって、これは東海さん、どうでしょう？

東海　これはほんとに努力したんです。見抜こうとしてね。

早稲田大学の名誉教授の本明寛さんを招聘して、いろいろ研究したんです。心理学の面から。今、ダイヤモンド社のやっているＤＰＩ（※6）という性格検査がありますけれども、四十数年前に本明さんがそれをやるという時に、手を挙げたのがうちと、ある自動車会社なんです。今のＤＰＩ検査の完成型を実施してるんです。

要は、潜在能力を見抜くためのあらゆる努力をしましたけど、これは難しい。ちなみに潜在能力って、出世と関係ないんですよ。出世というテーマで、一冊本を書きたい（笑）。

山﨑　別の機会にぜひ（笑）。

東海　人事というのは人と仕事の組み合わせ。人と人との組み合わせが仕事です。ところが、ここの組み合わせに正しい人間観と技術を持ち合わせないと、人事というのは「他人事《たにんごと》」になっちゃうわけです。

人間は多面的でかつ多様性があるわけです。今日の自分と明日の自分は違うし、相手によっても変わるし。こういうことを前提にしておかないと。私はこれは一生のテーマやと思ってます。人事をやってきましたけど、結論的にはわかりません（笑）。

山﨑　小畑さんは？

小畑　私がいいなと思って採っていたのは、自分のことを客観的にわかっている人。

もうひとつは、リクルートの場合は、もともと行きたかった会社とは違う、その変化できる力がある人が来ていたような気がするんです。

東海　小畑さんがおっしゃったように、人のせいにする人は基本的にダメですね。責任感というのかな。自分で自分のことがわかっているというのは、自分で自分の失敗を認める人。他責にする人は基本的によくないなあ。

山﨑　最後に、採用って、小畑さんにとってはひと言でいうと何ですか？

小畑　採用は最大の投資ですね。人が事業を創るとか。こういうことですね。

山﨑　東海さんは？

東海　それは賛成ですね。それを目の当たりにしてきたんです。

岡田さんも小嶋さんも、ビジョンはものすごく大きいんですよ。「こうもしたい、ああもしたい」「ただ、今、うちに人がいない」と。なんとか人を育てて、実現したいというのがありありとわかるわけです。だから教育に投資するし、人事に投資する。それを痛いほど見てきたから、もっとトップが率直に語るべきやと思います。だから、採用って投資とか賭けに近いね。

山﨑　採用は経費じゃない。投資だと。

小畑　投資のほうが勇気がいるじゃないですか。経費だとそれほど勇気もいらないじゃないですか。

山﨑　経費だと、使っていく感覚ですよね。

東海　下手して採ると、経費で終わる人もいる（笑）。

小畑　リクルートの採用数って、江副さんがとんでもない数字を言うてくるからすごかったんです。採用にかける費用も。

東海　夢が大きかったんやね。

小畑　人は伸びると思うところまでしか伸びないし、いろいろ思うんでしょうね。

東海　やっぱり、肯定的な人生観とか肯定的な人間観を持ってるんですね。

山﨑　今日は本当にいいお話を聞かせていただきました。ありがとうございました。

（※1）**ジャスコ**
1969（昭和44）年2月、株式会社岡田屋、フタギ株式会社、株式会社シロの3社共同出資で、共同仕入機構「ジャスコ株式会社」を設立。翌年、合併しジャスコ株式会社に社名変更。以来、2001年8月に現在のイオン株式会社に変更するまで30年にわたって親しまれた。

（※2）**リクルート事件**
1988年に発覚した贈収賄事件。84年から86年にかけて、リクルートの関連会社で、不動産会社のリクルートコスモス社の未公開株が政・官・財界要人に譲渡された。同株の店頭公開（86年）直後の値上がりによって、受領者は多額の利益を得た。

（※3）**江副浩正**
株式会社リクルートの創業者で、一代でリクルートを大企業に成長させた。1988年1月に会長に就任したが、同年6月にリクルート事件の報道が始まり、1989年2月に贈賄容疑で逮捕された。2003年に東京地裁で有罪判決を受け、控訴せず。2013年死去。

（※4）**アイ・カンパニー（i-Company）**
社会人向けのキャリア創りを支援するスクール。2003年、リクルートエージェントが開校、小畑氏は校長に就任。i-Company（自分株式会社）という考え方に基づき、会社に依存せず、自立的にキャリアを形成していくことの重要性を提唱している（現在は株式会社リンクアンドモチベーションに運営移管後休止）。

（※5）**ポータブル・スキル**
業界や職種の枠をこえて、普遍的に通用する持ち運び可能なスキルのこと。

（※6）**DPI**
株式会社ダイヤモンド社が販売している職場適応性テスト。

おわりに

「いつの時代も企業は人に支えられている」

採用の根幹は、この言葉に始まって、この言葉に終わるのではないでしょうか。

どれだけ会社や商品にブランド力があったとしても、優秀な人材がいなければ、会社はいずれ凋落《ちょうらく》の一途を辿《たど》ります。かつて栄華を誇っていた日本の家電メーカーなどがそのいい例でしょう。誰もが羨むほどのブランド力を誇っていたにもかかわらず、今では買収の憂き目にあっています。その大きな原因のひとつに、優秀な経営者となる人材がいなかったことがあげられるのではないでしょうか。

このようなことを話すと、経営者の多くは「ヘッドハンターなどの紹介会社を通じて、優秀な人材をスカウトしなければ」と口を揃えて言います。

しかし、本当にそれでいいのでしょうか？

本書でくり返したように、「優秀な人材」の定義がなされないまま候補者探しを外部に委託するのは、危険ですらあります。

実は過去に、有名なヘッドハンターから幹部職の候補を紹介された経験があります。その方の経歴はとても立派で非の打ちどころがなかったのですが、直接、お会いして話をしてみると、どうも話の辻褄《つじつま》が合わないところがあり、疑問に思いました。あとでわかったことですが、その候補者にはなんと犯罪歴があったのです！

ヘッドハンターにこのことを問いただしてみると、「まったく知りませんでした。私たちの仕事は、まずその方を信用するところから始まりますから」という答え。これには開いた口が塞《ふさ》がりませんでした。それに加えて、推薦状や職務経歴書はヘッドハンターが手を加え、採用されやすいように加工していたので、非常に立派な仕上がりになっていたのです。

この例は少し極端かもしれませんが、自社の採用基準を設けず、人任せにすることは、リスクが伴います。にもかかわらず、採用活動に真剣に乗り出している企業はごく少数派です。

では、採用活動をどのように考えるべきなのか。その答えは企業自らが優秀な人を集め、選び抜き、動機づけするようなダイレクトリクルーティングの手法を取り入れることです。

採用の窓口がインターネットという媒体に変わった今だからこそ、もう一度原点に立ち返って考えて欲しいと思います。企業を支え、発展させるのはそこで働く人なのです。

加えて、候補者が就職先をどのように決めるかを考えてみてください。候補者は「頭で考え、心（ハート）で決心」します。会社の規模や給与・報酬、将来性など、当初は頭で考え会社を選んでいます。しかし、いざ就職先を決める時には「採用担当者が親切に対応してくれた」とか「経営者の考えに惹かれた」「あの先輩と仕事がしたい」など、心で感じたことが決め手になることも少なくありません。これはすなわち、その企業で働く人の魅力がその会社の魅力であるという証拠だと思います。

どんな時代にあっても、時代の先を見据えた新しいビジネス、新しい企業は生まれます。既存の企業とは異なるかたちで起業し、実績を上げている若い人たちも出てきています。しかし、どんな時代、どんなビジネスにおいても、最初にしなければならないのは、志を同じくした仲間を集めることなのです。

志望動機や熱意だけでビジネスができるなら苦労はしません。また、昨日までの実績が今日、役に立つのなら、履歴書や経歴書だけで人を採用しても問題はないでしょう。しかし、時代はめまぐるしく移り変わり、ビジネスの規模もスタイルもどんどん変化していっています。そのような中、真に優秀な人材を獲得することは、企業の成長・発展のための最重要課題です。そのためには、自社で戦略採用を行うこと、つまり「採用基準」が必要なのです。

本書が新たな「採用のスタンダード」になることを願ってやみません。

この本の執筆にあたっては、メディア・サーカスの作間由美子さん、飯嶋洋子さん、そして、中川和子さんに多大なるご協力をいただきましたこと、深くお礼申し上げます。また、東京堂出版の吉田知子さんをはじめ皆様には、私の力不足を補っていただきながら本書の出版にご尽力いただきましたこと、併せてお礼申し上げます。

最後に、いつも最高の仕事環境を提供してくれている妻、そして成長の過程で多くの喜びと幸せを与えてくれる息子に、この場を借りて感謝します。いつもありがとう。

２０１４年11月吉日

株式会社タレントアンドアセスメント代表取締役　山﨑俊明

装丁　斉藤よしのぶ
写真　鈴木克典（Ficate）
編集協力　中川和子

山﨑俊明（やまさき・としあき）

1973年、大阪府門真市生まれ。大阪学院大学商学部卒業。株式会社大正銀行を経て、1999年アクサ生命保険株式会社に入社。2002年、世界中の生命保険・金融サービス専門職毎年トップクラスのメンバーで構成されるＭＤＲＴ（世界100万ドル円卓会議）会員資格を同社最年少で取得。

その後、大阪ＬＡマネージャー、仙台ＬＡ支社副支社長、金融法人営業部副部長をすべて最年少で歴任し、マネジメント、スカウト、トレーニング業務等に従事してきた。

2011年、採用コンサルティングの株式会社Ｔ＆Ａパートナーズを設立。2014年、株式会社タレントアンドアセスメントを設立し、戦略的採用面接メソッドを中心に採用ソリューションの提供を開始。両社ともに代表取締役に就任。

著書に『成功者への手紙』（総合法令出版）、『すべての成功はこの手紙から始まった』（メディア・サーカス）がある。

戦略採用

2014年11月16日　初版印刷
2014年11月26日　初版発行

著　　者　山﨑　俊明
発 行 者　小林　悠一
発 行 所　株式会社 東京堂出版
〒101-0051　東京都千代田区神田神保町1-17
電　話　(03)3233-3741
振　替　00130-7-270
http://www.tokyodoshuppan.com/
Ｄ　Ｔ　Ｐ　株式会社オノ・エーワン
印刷・製本　図書印刷株式会社

ISBN 978-4-490-20882-5 C0034